Ivan Strutunnof

GRAMÁTICA DEL RUSO

dve
PUBLISHING

© Editorial De Vecchi, S. A. 2018
© [2018] Confidential Concepts International Ltd., Ireland
Subsidiary company of Confidential Concepts Inc, USA
ISBN: 978-1-68325-847-6

Índice

Introducción

Para el correcto conocimiento y aprendizaje de una lengua, es imprescindible conocer a fondo la gramática; sin embargo, esta suele ser la parte que resulta más dura y complicada para la mayoría de la gente.

En esta gramática que tiene entre sus manos encontrará todo lo que necesita saber sobre fonética, morfología y sintaxis de la lengua rusa, para que pueda adquirir unos conocimientos elementales bien fundamentados y con poco esfuerzo.

Adjetivos; artículos; sustantivos; preposiciones; conjugaciones de verbos; formación de frases afirmativas, negativas e interrogativas…

La teoría está perfectamente sintetizada y explicada de una forma clara y sencilla; los ejemplos le ayudarán a comprender fácilmente lo explicado, y con los ejercicios que se facilitan al final de cada lección podrá verificar lo aprendido.

Un manual único y completísimo que constituye una guía práctica, de fácil acceso, exhaustiva y útil para todos aquellos que quieren aprender ruso, tanto para los que desean iniciarse en el estudio de esta lengua como para quienes han de conseguir un nivel avanzado.

Fonética y ortografía

Alfabeto y fonética

El alfabeto ruso, es decir, la escritura cirílica, está compuesto
por 33 letras:

letra	nombre		pronunciación
А / а	а	[a]	de casa
Б / б	бэ	[b]	de barrio
В / в	вэ	[v]	de vote en inglés; se pronuncia como la [f] sonora
Г / г	гэ	[g]	de gato
Д / д	дэ	[d]	de domingo
Е / е	е	[ie]	de hierro
Ё / ё	ё	[io]	de ion
Ж / ж	жэ	[Y]	de jour en francés; sonido entre la [y] y la [ch]
З / з	зе	[z]	de zone en inglés; se pronuncia como la [s] sonora
И / и	и	[i]	de chico
Й / й	й	[î]	«i» corta
К / к	ка	[k]	de casa
Л / л	эл	[l]	de loro
М / м	эм	[m]	de mar
Н / н	эн	[n]	de nadar

О / о	о	[o]	de m**o**z**o**
П / п	пэ	[p]	de **p**oco
Р / р	эр	[r]	de **r**uso
С / с	эс	[s]	de **s**onar; se pronuncia siempre [s] y nunca [k]
Т / т	тэ	[t]	de **t**ono
У / у	у	[u]	de **u**no
Ф / ф	эф	[f]	de **f**ábula
Х / х	ха	[j]	de **j**ulio
Ц / ц	цэ	[ts]	de pi**zz**a
Ч / ч	че	[ch]	de **ch**arco
Ш / ш	ша	[sh]	de *sh*ake en inglés
Щ / щ	ща	[shtsh]	parecido a bai**x** en catalán
Ъ / ъ	signo duro		
Ы / ы	ы	[i*]	sonido entre la [i] y la [e] que no existe en las lenguas más cercanas a la nuestra
Ь / ь	signo blando		
Э / э	э	[e]	de **E**spaña
Ю / ю	ю	[iu]	de **yu**ca
Я / я	я	[ia]	de **ya**te

Las vocales

Las vocales en la lengua rusa son diez y se dividen en dos series de signos, según si la consonante que precede es dura o blanda:

— después de consonante dura escribiremos: **a**, **o**, **y**, **ы**, **э**;
— después de consonante blanda escribiremos: **я**, **ё**, **ю**, **и**, **е**.

Las vocales se pronuncian claramente sólo cuando se acentúan. Las letras **e** y **o** pueden pronunciarse de dos maneras según si son tónicas o átonas:

— si son tónicas se pronuncian como [ie] u [o], respectivamente: се́в**е**р [siévier] («norte»), в**е**сь [viés] («todo»), хлеб [jliéb] («pan»); мода [móda] («moda»), кома [kóma] («coma»), мост [móst] («puente»);

— si son átonas se pronuncian como [i] o [a]: земля [zimliá] («tierra»), женат [zhinát] («casado»), певец [piviéts] («cantante»); вода [vadá] («agua»), комод [kamód] («cómoda»), окно [aknó] («ventana»).

Asimismo, el ruso presenta una serie de incompatibilidades ortográficas. Las vocales **ы**, **ю**, **я** no pueden escribirse detrás de **ж**, **ч**, **ш**, **щ**, por lo que tendrán que reemplazarse, respectivamente, por **и**, **у**, **а**.

Recuerde: la semivocal **й** sólo está presente en los diptongos y la vocal **ё** siempre es tónica y no requiere ninguna indicación acentual.

Las consonantes

La mayoría de las consonantes rusas se pueden pronunciar de dos maneras distintas: pueden ser **duras** o **blandas**. Esta doble pronunciación se da en los siguientes sonidos:

Б / б   [b]
В / в   [v]
Г / г   [g]
Д / д   [d]
З / з   [z]
К / к   [k]
Л / л   [l]
М / м   [m]
Н / н   [n]
П / п   [p]
Р / р   [r]
С / с   [s]
Т / т   [t]
Ф / ф   [f]
Х / х   [j]

Por otro lado, únicamente hay cinco consonantes que son blandas:

Ж / ж [Y]
Ц / ц [ts]
Ч / ч [ch]
Ш /ш [sh]
Щ / щ [shtsh]

Las consonantes también experimentan alteraciones en su pronunciación:

— delante de una consonante sonora (excepto antes de **в, й, р, л, м, н**) las consonantes sordas se vuelven sonoras. Por ejemplo: **к** delante de la consonante sonora **з** se lee **г** (**рюкзак** [riugzák], «mochila»), **с** delante de **б** se lee **з** (**сбор** [zbor], «recojo»), **т** delante de **д** se lee **д** (**отдел** [addiél], «departamento»);
— delante de una consonante sorda a final de palabra, las consonantes sonoras se vuelven sordas. Por ejemplo: **г** se vuelve **к** (**друг** [druk], «amigo»), **б** se vuelve **п** (**дуб** [dup], «roble»), **з** se vuelve **с** (**газ** [gas], «gas»), **д** se vuelve **т** (**будка** [bútka], «cabina»), **в** se vuelve **ф** (**вперёд** [fpiriót], «adelante»), **ж** se vuelve **ш** (**этаж** [etásh], «piso»).

En determinadas combinaciones, algunas consonantes no se pronuncian:

— la **т** no se pronuncia en las siguientes combinaciones: **стн** (**известный** [izviéstnyî], «conocido»), **стл** (**счастливый** [sshaslívyî], «feliz»), **стск** (**туристский** [turískyî], «turístico»);
— la **д** no se pronuncia en la combinación **здн** (**поздно** [pózna], «tarde»);
— la primera **в** del grupo **вств** no se pronuncia (**чувство** [chústva], «sentimiento»).

Los signos blandos y duros

• El signo blando **Ь / ь** es un signo ortográfico mudo, que ablanda y suaviza la consonante que precede. Así, por ejemplo, en **портфель** [partfiél] («cartera»), el signo blando **ь** ablanda la **л**, que suena entre la [l] y la [ll].

• El signo duro **Ъ / ъ** es un signo ortográfico mudo, que se utiliza cuando una consonante permanece dura ante una vocal de segunda serie. Así, por ejemplo, en **подъезд** [padiézd] («entrada»), el signo duro **ъ** hace que la **д** permanezca dura ante la **е**, con lo que ambas letras se leen separadas y no hay enlace en la pronunciación.

La tilde y el acento

La tilde o acento ortográfico no existe en la lengua rusa. En este libro, las transcripciones fonéticas la llevan para indicar dónde recae la mayor fuerza de voz en la palabra y ayudar, de este modo, a pronunciar correctamente. La transcripción de las palabras monosílabas, en cambio, no la lleva. Algunos ejemplos a este respecto son: **поле** [pólie] («campo»), **поля** [paliá] («campos»), **врач** [vrach] («médico»).

  Por otro lado, el acento en ruso es móvil, es decir, puede cambiar de una sílaba a otra, dependiendo del número o caso en que se encuentre la palabra. Por ejemplo: **окно** [aknó] («ventana»), **окна** [ókna] («ventanas»), **река** [riká] («río»), **реки** [riéki] («ríos»).

La permutación de los fonemas

El fenómeno de la permutación se da cuando dos fonemas se cambian en la raíz de una palabra, sustituyéndose el uno por el otro en la misma posición y sin modificar el significado de la raíz.

Permutación de las vocales

Ejemplos de permutaciones en la misma raíz de dos palabras

- **e / ë** летать [litát] volar лётчик [liótchik] piloto
- **о / е** возить [vazít] llevar везу [vizú] yo llevo, con un medio de transporte

Permutación de las consonantes

Ejemplos de permutaciones en la misma raíz de dos palabras

- **г / ж** друг [druk] amigo дружеский [drúzhiskiî] amigable
- **д / ж** водить [vadít] conducir вожу [vazhú] conduzco
- **к / ч** пеку [pikú] cuezo печь [piéch] cocer
- **с / ш** приносить [prinasít] llevar приношу [prinashú] llevo, en manc

Ejercicios

Ejercicio 1. Lea en voz alta el texto siguiente (intente hacerlc primero a partir del texto cirílico):

Мария работает в банке. Утром, она встаёт рано и обычно завтракает дома. Она ездит на работу на автобусе. Она покупает газету в киоске рядом с остановкой автобуса. Когда она работает, она любит пить чай. Она всегда говорит, что чай помогает ей обращать более внимание на то, что она делает. Она заканчивает работу в два часа. Потом она идёт домой и там обедает. Она очень любит ходить, поэтому после обеда, она ходит по магазинам и покупает продукты. Вечером, она отдыхает: читает, слушает музыку... Она ужинает в девять часов и потом она смотрит свою любимую передачу по телевизору.

[maría rabótaiet v bankie] [útram aná vstaiót rána i abí*chna zavtrakaiet dóma] [aná iézdit na rabótu na avtó-busie] [aná pakupaiét gaziétu v kióskie riádam c astanóvkaî abtóbusa] [kagdá aná rabótaiet, aná liúbit pit cháî] [aná vsiegdá gavarít chto cháî pamagáiet iéî abrashtshát bólieie vnimániie na to chto aná diélaiet] [aná zakánchivaiet rabótu v dva chasá] [patóm oná idiot damóî i tam abiédaiet] [aná óchien liúbit jadít paétamu póslie abiéda aná jódit pa maga-zínam i pakupáiet pradúkti*] [viéchieram aná atdi*jáiet chi-táiet, slúshaiet músi*ky] [aná uYienáiet v diéviat chasóv i pa-tóm aná smótrit ieió liubímuiu pieriedáchu pa tielievízaru]

María trabaja en un banco. Por la mañana se levanta tem-prano y generalmente desayuna en casa. Va al trabajo en autobús. Compra el periódico en el quiosco que está junto a la parada de autobús. Cuando trabaja, le gusta tomar té. Siempre dice que el té le ayuda a prestar más atención en lo que hace. Ella acaba de trabajar a las dos. Luego se va a casa y almuerza. Le gusta mucho andar y, por eso, después de comer se va de tiendas y compra alimentos. Por la no-che, descansa: lee, escucha música... Cena a las nueve y luego ve su programa preferido en la televisión.

Frases útiles

En el aeropuerto

Где находится касса Иберии?
[gdié najóditsia kása Ibiérii]
¿Dónde está la ventanilla de Iberia?

Мне хотелось заказать место на следующий рейс в...
[mnié jatiélas zakazát miésta na sliéduiushtshi reís v...]
Deseo una reserva para el próximo vuelo a...

В который час взлетает самолёт в…?
[v katóryi chas vzlietáiet samaliót v]
¿A qué hora sale el avión para…?

Я хотел бы заказать место у окна.
[ia jatiél by zakazát miésta u akná]
Quisiera un asiento junto a la ventanilla.

В котором часу приземляемся?
[v katóryi chasu priziemliáiem]
¿A qué hora aterrizamos?

Где я могу найти багажную тележку?
[gdié ia magú naití bagázhnaia teliézhka]
¿Dónde puedo encontrar un carro para el equipaje?

Потеряли мой багаж.
[pateriáli moi bagázh]
Han perdido mis maletas.

El sustantivo

Género

En la lengua rusa, hay tres géneros: masculino, femenino o neutro. El género de cada palabra viene dado por su terminación. Las terminaciones del género del sustantivo, en caso nominativo, que es la forma en que la palabra se encuentra en el diccionario, son las siguientes:

Masculino	Femenino	Neutro
т	а	о
л	я	е

Ejemplos de género masculino, femenino y neutro:

студент	[studiént]	estudiante	masculino
стол	[stol]	mesa	masculino
машина	[mashína]	coche	femenino
песня	[piésnia]	canción	femenino
слово	[slóva]	palabra	neutro
поле	[pólie]	campo	neutro

Las palabras acabadas en -ь pueden ser masculinas o femeninas y es difícil determinar a qué género pertenecen si no se conocen.

Número

Las terminaciones del nominativo singular se han indicado en la tabla de género del apartado anterior. Las terminaciones del plural se forman de la siguiente manera:

Masculino

Las palabras acabadas en consonante añaden **-ы** a la raíz, excepto las que terminan en: **к, г, ш, щ, ж, ч, ь**. Estas últimas lo forman añadiendo **-и**. Ejemplos:

стол - столы	[stol - stóli]	mesa - mesas
кот - коты	[kot - kóti]	gato - gatos
врач - врачи	[vrach - vrachí]	médico - médicos
нож - ножи	[noY - nóYi]	cuchillo - cuchillos

Femenino

Las palabras acabadas en **-a** sustituyen esta letra por **-ы**, a excepción de aquellas cuya última consonante sea **к, г, ш, щ, ж, ч**, o las acabadas en **я, ь**, que lo forman en **-и**. Ejemplos:

машина - машины	[mashína - mashíni*]	coche - coches
улица - улицы	[úlitsa - úlitsi*]	calle - calles
песня - песни	[piésnia - piésni]	canción - canciones
неделя - недели	[niediélia - niediéli]	semana - semanas

Neutro

Las terminaciones del plural para el género neutro son las siguientes: **-a**, cuando la palabra acaba en -**o**; **-я**, cuando la palabra acaba en -**e**. Ejemplos:

окно - окна	[aknó - ókna]	ventana - ventanas
поле - поля	[pólie - paliá]	campo - campos

Las palabras de origen extranjero acabadas en vocal excepto en **-a** son neutras y no tienen plural. Ejemplos:

кафе	[kafé]	cafetería
кофе	[kófe]	café
метро	[mietró]	metro
такси	[taksí]	taxi

Algunas palabras tienen un plural irregular:

дом - дома	[dom - damá]	casa - casas
друг - друзья	[drug - druziá]	amigo - amigos
мать - матери	[mat - mátieri]	madre - madres
время - времена	[vriémia - vriemiená]	tiempo - tiempos
лес - леса	[liés - liesá]	bosque - bosques
глаз - глаза	[glaz - glazá]	ojo - ojos
стул - стулья	[stul - stuliá]	silla – sillas

Las declinaciones

En algunos idiomas, la función de una palabra en una oración
se expresa de distintas maneras: por su situación en la frase,
por una preposición o por ambas. También puede expresar-
se por un cambio de la propia palabra, como en ruso, donde el
sustantivo, así como el adjetivo, el pronombre, los participios y
los numerales, cambian su terminación según la función gramatical. Esta terminación se llama **desinencia** y las variaciones de
una palabra según su función son los **casos**. El conjunto de casos se llama **declinación**, que en ruso son tres. Por otro lado, en
este idioma hay seis casos:

— el **nominativo** (función de sujeto, atributo y vocativo);
— el **acusativo** (función de complemento directo);
— el **genitivo** (función de complemento del nombre);
— el **dativo** (función de complemento indirecto);
— el **instrumental** (función de complemento de medio);
— el **prepositivo** (función de complemento de lugar).

Sustantivos variables e invariables

Son variables las palabras que cambian la desinencia según e género, el número, la persona y el caso: мáма, мáмы («la mamá», «de la mamá»). Son invariables las palabras que nc cambian su terminación: кинó («cine»).

Sustantivos animados e inanimados

Las personas (господи́н [gaspadìn], «señor») y los animales (собáка [sabàka], «perro») son sustantivos animados, y hacer el acusativo igual que el genitivo.

Los objetos (чемодáн [čimadàn], «maleta») y los nombres abstractos (любóвь [ljubòf'], «amor») son sustantivos inani- mados, y hacen el acusativo igual que el nominativo.

Esta regla sirve para los sustantivos masculinos y neutros er singular y plural, mientras que para los sustantivos femeninos sólo es válida en plural.

La primera declinación de los sustantivos

Son de la primera declinación los sustantivos masculinos que terminan con una consonante, fuerte o débil (desinencia cero) (ýгол [ùgal], «ángulo») y los neutros que terminan en **-c** (окнó [aknò], «ventana») o en **-e** (мóре [mòri], «mar»).

Singular masculino animado

Nom.	пассажи́р	[passažìr]	el pasajero
Gen.	пассажи́ра	[passažìra]	del pasajero
Dat.	пассажи́ру	[passažìru]	al pasajero
Ac.	пассажи́ра	[passažìra]	el pasajero
Instr.	пассажи́ром	[passažìram]	con el pasajero
Pr.	о пассажи́ре	[a passažìri]	acerca del pasajero

Plural masculino animado

Nom.	пассажи́ры	[passažíry]	los pasajeros
Gen.	пассажи́ров	[passažíraf]	de los pasajeros
Dat.	пассажи́рам	[passažíram]	a los pasajeros
Ac.	пассажи́ров	[passažíraf]	los pasajeros
Instr.	пассажи́рами	[passažírami]	con los pasajeros
Pr.	о пассажи́рах	[a passažírach]	acerca de los pasajeros

Singular masculino inanimado

Nom.	ряд	[rjat]	la fila
Gen.	ря́да	[rjàda]	de la fila
Dat.	ря́ду	[rjàdu]	a la fila
Ac.	ряд	[rjat]	la fila
Instr.	ря́дом	[rjàdam]	con la fila
Pr.	о ря́де	[a rjàdi]	acerca de la fila

Plural masculino inanimado

Nom.	ряды́	[ridý]	las filas
Gen.	рядо́в	[ridòf]	de las filas
Dat.	ряда́м	[ridàm]	a las filas
Ac.	ряды́	[ridý]	las filas
Instr.	ряда́ми	[ridàmi]	con las filas
Pr.	о ряда́х	[a ridàch]	acerca de las filas

Singular neutro

Nom.	мо́ре	[mòri]	el mar
Gen.	мо́ря	[mòrja]	del mar
Dat.	мо́рю	[mòrju]	al mar
Ac.	мо́ре	[mòri]	el mar
Instr.	мо́рем	[mòrim]	con el mar
Pr.	о мо́ре	[a mòri]	acerca del mar

Plural neutro

Nom.	моря́	[marjà]	los mares
Gen.	море́й	[marjéj]	de los mares
Dat.	моря́м	[marjàm]	a los mares
Ac.	моря́	[marjà]	los mares
Instr.	моря́ми	[marjàmi]	con los mares
Pr.	о моря́х	[a marjàch]	acerca de los mares

Pertenecen a la primera declinación los sustantivos masculinos que terminan con una consonante débil, es decir, con el signo blando **-ь**. Por ejemplo: день [djén'] («día»), конь [kon'] («caballo»), ноль [nòl'] («cero»), рýбль [rubl'] («rublo»).

Singular animado

Nom.	конь	[kon']	el caballo
Gen.	коня	[kanjà]	del caballo
Dat.	коню́	[kanjù]	al caballo
Ac.	коня	[kanjà]	el caballo
Instr.	конём	[kanjòm]	con el caballo
Pr.	о коне́	[a kanjé]	acerca del caballo

Plural animado

Nom.	ко́ни	[kòni]	los caballos
Gen.	коне́й	[kanjéj]	de los caballos
Dat.	коня́м	[kanjàm]	a los caballos
Ac.	коне́й	[kanjéj]	los caballos
Instr.	коня́ми	[kanjàmi]	con los caballos
Pr.	о коня́х	[a kanjàch]	acerca de los caballos

Singular inanimado

Nom.	рубль	[rubl']	el rublo
Gen.	рубля́	[rubljà]	del rublo
Dat.	рублю́	[rubljù]	al rublo
Ac.	рубль	[rubl']	el rublo
Instr.	рублём	[rubljòm]	con el rublo
Pr.	о рубле́	[a rubljé]	acerca del rublo

Plural inanimado

Nom.	рубли́	[rublì]	los rublos
Gen.	рубле́й	[rubljéj]	de los rublos
Dat.	рубля́м	[rubljàm]	a los rublos
Ac.	рубли́	[rublì]	los rublos
Instr.	рубля́ми	[rubljàmi]	con los rublos
Pr.	о рубля́х	[a rubljàch]	acerca de los rublos

También pertenecen a la primera declinación los sustantivos masculinos брат («hermano»), муж («marido») y друг («amigo»), que en plural terminan en **-ья**. En plural, la palabra друг sufre la permutación consonántica г//з: дру**г** - дру**з**ья y pierde el signo duro **-ъ** en genitivo y acusativo.

Singular

Nom.	брат [brat]	муж [muš]	друг [druk]
Gen.	брáта [bràta]	мужá [mùža]	дрýга [drùga]
Dat.	брáту [bràtu]	мýжу [mùžu]	дрýгу [drùgu]
Ac.	брáта [bràta]	мужá [mùža]	дрýга [drùga]
Instr.	брáтом [bràtam]	мýжем [mùžim]	дрýгом [drùgam]
Pr.	о брáте [a bràti]	о муже [a mùži]	о дрýге [a drùgi]

Plural

Nom.	брáтья [bràt'ja]	мужья [muž'jà]	друзья [druz'jà]
Gen.	брáтьев [bràt'if]	мужьёв [muž'jòf]	друзéй [druzjéj]
Dat.	брáтьям [bràt'jam]	мужьям [muž'jàm]	друзьям [druz'jàm]
Ac.	брáтьев [bràt'if]	мужьёв [muž'jòf]	друзéй [druzjéj]
Instr.	брáтьями [bràt'imi]	мужьями [muž'jàmi]	друзьями [druz'jàmi]
Pr.	о брáтьях [a bràt'jach]	о мужьях [a muž'jàch]	о друзьях [a druz'jàch]

La segunda declinación de los sustantivos

Pertenecen a la segunda declinación los sustantivos que terminan en **-a/-я**, independientemente del género: пáпа м («papá»), мáма ж («mamá»), земля ж («tierra»), дитя с («bebé»).

Singular femenino animado

Nom.	мáма	[màma]	la mamá
Gen.	мáмы	[màmy]	de la mamá
Dat.	мáме	[màmi]	a la mamá
Ac.	мáму	[màmu]	la mamá
Instr.	мáмой	[màmaj]	con la mamá
Pr.	о мáме	[a màmi]	acerca de la mamá

Plural femenino animado

Nom.	мамы	[màmy]	las mamás
Gen.	мам	[mam]	de las mamás
Dat.	мáмам	[màmam]	a las mamás
Ac.	мам	[mam]	las mamás
Instr.	мáмами	[màmami]	con las mamás
Pr.	о мáмах	[a màmach]	acerca de las mamás

Singular femenino inanimado

Nom.	земля	[zimljà]	la tierra
Gen.	землú	[zimlì]	de la tierra
Dat.	землé	[zimljé]	a la tierra
Ac.	зéмлю	[zjémlju]	la tierra
Instr.	землёй	[zimljòj]	con la tierra
Pr.	о землé	[a zimljé]	acerca de la tierra

Plural femenino inanimado

Nom.	зéмли	[zjémli]	las tierras
Gen.	земéль	[zimjél']	de las tierras
Dat.	зéмлям	[zjémljam]	a las tierras
Ac.	зéмли	[zjémli]	las tierras
Instr.	зéмлями	[zjémljami]	con las tierras
Pr.	о зéмлях	[a zjémljach]	acerca de las tierras

La tercera declinación de los sustantivos

A esta declinación pertenecen los sustantivos femeninos que terminan con el signo blando (-ь). Estos tienen una declinación muy sencilla:

— en singular el nominativo y el acusativo tienen la misma terminación;
— el genitivo, el dativo y el prepositivo terminan en -и;
— el instrumental termina en -ью.

Singular

Nom.	пло́щадь	[plòščit']	la plaza
Gen.	пло́щади	[plòščidi]	de la plaza
Dat.	пло́щади	[plòščidi]	a la plaza
Ac.	пло́щадь	[plòščit']	la plaza
Instr.	пло́щадью	[plòščid'ju]	con la plaza
Pr.	о пло́щади	[a plòščidi]	acerca de la plaza

Plural

Nom.	пло́щади	[plòščidi]	las plazas
Gen.	площаде́й	[ploščidjéj]	de las plazas
Dat.	площадя́м	[ploščidjàm]	a las plazas
Ac.	пло́щади	[plòščidi]	las plazas
Instr.	площадя́ми	[ploščidjàmi]	con las plazas
Pr.	о площадя́х	[a ploščidjàch]	en las plazas

El sustantivo masculino **путь** («calle») se declina como los sustantivos femeninos de la tercera declinación, excepto el caso instrumental en singular (путём):

Singular

Nom.	путь	[pùt']	la calle
Gen.	пути́	[putì]	de la calle
Dat.	пути́	[putì]	a la calle
Ac.	путь	[pùt']	la calle
Instr.	путём	[putjòm]	con la calle
Pr.	о пути́	[a putì]	en la calle

Plural

Nom.	пути́	[putì]	las calles
Gen.	путе́й	[putjéj]	de las calles
Dat.	путя́м	[putjam]	a las calles
Ac.	пути́	[putì]	las calles
Instr.	путя́ми	[putjàmi]	con las calles
Pr.	о путя́х	[a putjach]	en las calles

Los sustantivos **мать** («madre») y **дочь** («hija») tienen una declinación particular: en genitivo, dativo, instrumental y pre-

positivo tienen el tema **мáтер-** («madre») y **дóчер-** («hija»)
del que se forma el plural.

Singular

Nom.	мать [mat']	дочь [doč]
Gen.	мáтери [màtiri]	дóчери [dòčiri]
Dat.	мáтери [màtiri]	дóчери [dòčiri]
Ac.	мать [mat']	дочь [doč]
Instr.	мáтерью [màtir'ju]	дóчерью [dòčir'ju]
Pr.	о мáтери [a màtiri]	о дóчери [a dòčiri]

Plural

Nom.	мáтери [màtiri]	дóчери [dòčiri]
Gen.	матерéй [matirjéj]	дочерéй [dačirjéj]
Dat.	матерям [matirjàm]	дочерям [dačirjàm]
Ac.	матерéй [matirjéj]	дочерéй [dačirjéj]
Instr.	матерями [matirjàmi]	дочерями [dačirjàmi], дочерьми [dačir'mì]
Pr.	о матерях [a matirjàch]	о дочерях [a dačirjàch]

Nombres propios

En Rusia, el nombre de una persona comprende el nombre
proprio (**Пётр**), el patronímico (que indica «hijo de» **Ильи́ч**)
y el apellido (**Чайкóвский**). Las tres partes del nombre se declinan: **Ивáн Петрóвич Си́доров** («Iván Petrovič Sidorov»)
Ири́на Петрóвна Си́дорова («Irina Petrovna Sidorova»)

Declinación de los nombres propios masculinos

Los nombres propios masculinos que terminan en consonante
se declinan como los sustantivos análogos:

Nom.	Иван Петрóвич Си́доров	Iván Petrovič Sidorov
Gen.	Ивáна Петрóвича Си́дорова	de Iván Petrovič Sidorov
Dat.	Ивáну Петрóвичу Си́дорову	a Iván Petrovič Sidorov
Ac.	Ивáна Петрóвича Си́дорова	Iván Petrovič Sidorov
Instr.	Иваном Петрóвичем Си́доровым	con Iván Petrovič Sidorov
Pr.	об Иване Петрóвиче Си́дорове	acerca de Iván Petrovič Sidorov

Los nombres propios masculinos que terminan con el signo blando **(-ь)** se declinan como sus sustantivos análogos (por ejemplo, конь, «caballo»):

Nom.	Игорь	[igarʲ]
Gen.	Игоря	[igarʲa]
Dat.	Игорю	[igarʲu]
Ac.	Игоря	[igarʲa]
Instr.	Игорем	[igarim]
Pr.	об Игоре	[ab ìgarì]

Los nombres propios masculinos que terminan en **-ай** (Николáй), **-ей** (Алексéй) y **-ий** (Геннáдий) se declinan como sustantivos análogos (por ejemplo, музéй, санатóрий):

Nom.	Андрéй	Дмúтрий
Gen.	Андрéя	Дмúтрия
Dat.	Андрéю	Дмúтрию
Ac.	Андрéя	Дмúтрия
Instr.	Андрéем	Дмúтрием
Pr.	об Андрéе	о Дмúтрии

Los nombres propios masculinos acabados en **-о** son invariables (por ejemplo, Фрáнко).

Declinación de los nombres propios femeninos

Los nombres propios femeninos que terminan en **-а** o **-ия** (Елéна, Виктóрия) se declinan como los sustantivos análogos (por ejemplo, мáма, матéрия):

Nom.	Елéна	Виктóрия
Gen.	Елéны	Виктóрии
Dat.	Елéне	Виктóрии
Ac.	Елéну	Виктóрию
Instr.	Елéной	Виктóрией
Pr.	о Елéне	о Виктóрии

Los nombres propios femeninos, tanto rusos como extranjeros, que terminan en **-ь** (Любо́вь, Рахи́ль, Эсфи́рь, Юди́фь) se declinan como los sustantivos femeninos terminados en **-ь**:

Nom.	Рахи́ль	Юди́фь
Gen.	Рахи́ли	Юди́фи
Dat.	Рахи́ли	Юди́фи
Ac.	Рахи́ль	Юди́фь
Instr.	Рахи́лью	Юди́фью
Pr.	о Рахи́ли	о Юди́фи

Sufijos diminutivos y afectuosos

Diminutivos

Masculino

-ик	до́мик	[dòmik]	casita
-чик	костю́мчик	[kastjùmčik]	vestidito
-ок	дружо́к	[družòk]	amiguito
-ек	кусо́чек	[kusòčik]	pedacito
-енёк	муженёк	[mužinjòk]	maridito
-ичек	но́жичек	[nòžičik]	cuchillito
-очек	дружо́чек	[družòčik]	amiguito

Femenino

-ка	подру́жка	[padrùška]	amiguita
-енька	вну́ченька	[vnùčin'ka]	nietecita
-очка	Све́точка	[svjétačka]	Svetočka
-ичка	сестри́чка	[sistrìčka]	hermanita
-ечка	А́нечка	[ànička]	Anečka
-ушка	стару́шка	[starùška]	viejecita

Neutro

-ко	о́блачко	[òblačka]	nubecita
-ышко	со́лнышко	[sòlnyška]	solecito

Afectuosos en familia

ма́ма ж	[màma]	mamá
ма́мочка ж	[màmačka]	mamita
па́па м	[pàpa]	papá, papi
па́почка м	[pàpačka]	papito
ба́бушка ж	[bàbuška]	abuela, abuelita
де́душка м	[djéduška]	abuelo, abuelito
вну́чек м	[vnùčik]	nietecito
вну́ченька ж	[vnùčin'ka]	nietecita
муженёк м	[mušinjòk]	maridito
жёнушка в	[žònyška]	mujercita

Ejercicios

Ejercicio 1. Escriba las siguientes palabras en plural:

1. **студент** [studiént] («estudiante»): ....
2. **пляж** [pliáϒ] («playa»): ....
3. **учитель** [uchítiel] («maestro»): ....
4. **газета** [gaziéta] («periódico»): ....
5. **кофе** [kófe] («café»): ....
6. **станция** [stántsiia] («estación»): ....
7. **бинго** [bíngo] («bingo»): ....

Ejercicio 2. Indique el género de los sustantivos siguientes:

1. **стул** [stul] («silla»): ....
2. **мать** [mat] («madre»): ....
3. **песня** [piésnia] («canción»): ....
4. **время** [vriémia] («tiempo»): ....
5. **кино** [kinó] («cine»): ....
6. **такси** [taksí] («taxi»): ....
7. **дочь** [doch] («hija»): ....

Frases útiles

En la aduana

Ваш паспорт, пожалуйста.
[vash páspart, pazhálsta]
Su pasaporte, por favor.

Мои личные данные...
[maí líchnye dánnye...]
Mis datos personales son...

Меня сопроваждают жена и сын.
[miniá sapravazhdáiut zhená i syn]
Me acompañan mi mujer y mi hijo.

Я собираюсь остаться на десять дней в этой стране.
[ia sobiraiús astavátsia désiat dñéi v étai stranié]
Pienso estar diez días en este país.

У вас есть что задекларировать?
[u vas iést shtó-ta zaideklarirobet]
¿Tiene algo que declarar?

Нет, у меня ничего нет чтобы задекларировать.
[niet, u miniá nichevó niet chtobi zaideklarirobet]
No tengo nada que declarar.

Могу закрыть чемодан?
[mogú zakryt chemadán]
¿Puedo cerrar la maleta?

El adjetivo I

Género

El adjetivo ruso, al igual que el sustantivo, tiene tres géneros: masculino, femenino y neutro. En el diccionario, el adjetivo siempre se encuentra en género masculino.

Los géneros femenino y neutro se forman quitando la terminación masculina y añadiendo las correspondientes a cada género, femenino o neutro.

En las frases, el género del adjetivo siempre concuerda con el sustantivo al que califica.

Hay que tener en cuenta que el género de los sustantivos no siempre coincide en ruso y español. Ejemplos:

Masculino	красивый город	[krasívi*î górad]	ciudad bonita
Femenino	красивая квартира	[krasívaia kvartíra]	piso bonito
Neutro	красивое платье	[krasívaie plátie]	vestido bonito

Declinaciones

La declinación de los adjetivos en singular

Los adjetivos concuerdan en género, número y caso con los sustantivos a los que se refieren. Si acompañan a sustantivos animados, hacen el acusativo igual que el genitivo; en cambio con sustantivos inanimados hacen el acusativo igual que el nominativo.

Esta norma es válida para sustantivos masculinos y neutros en singular y plural; para los sustantivos femeninos, únicamente en plural.

Con un sustantivo masculino animado: хоро́ший друг («buen amigo»)

Nom.	хоро́ший друг	[charòšij druk]	el buen amigo
Gen.	хоро́шего дру́га	[charòšiva drùga]	del buen amigo
Dat.	хоро́шему дру́гу	[charòšimu drùgu]	al buen amigo
Ac.	хоро́шего дру́га	[charòšiva drùga]	el buen amigo
Instr.	хоро́шим дру́гом	[charòšim drùgam]	con el buen amigo
Pr.	о хоро́шем дру́ге	[a charòšim drùgi]	acerca del buen amigo

Con un sustantivo femenino: хоро́шая подру́га («buena amiga»)

Nom.	хоро́шая подру́га	[charòšija padrùga]	la buena amiga
Gen.	хоро́шей подру́ги	[charòšij padrùgi]	de la buena amiga
Dat.	хоро́шей подру́ге	[charòšij padrùgi]	a la buena amiga
Ac.	хоро́шую подру́гу	[charòšuju padrùgu]	la buena amiga
Instr.	хоро́шей подру́гой	[charòšij padrùgaj]	con la buena amiga
Pr.	о хоро́шей подру́ге	[a charòšij padrùgi	acerca de la buena amiga

Con un sustantivo neutro: Чёрное мо́ре («Mar Negro»)

Nom.	Чёрное мо́ре	[čòrnaja mòri]	el Mar Negro
Gen.	Чёрного мо́ря	[čòrnava mòrja]	del Mar Negro
Dat.	Чёрному мо́рю	[čòrnamu mòrju]	al Mar Negro
Ac.	Чёрное мо́ре	[čòrnaja mòri]	el Mar Negro
Instr.	Чёрным мо́рем	[čòrnym mòrim]	con el Mar Negro
Pr.	о Чёрном мо́ре	[a čòrnam mòri]	acerca del Mar Negro

La declinación de los adjetivos en plural

Tienen todos la misma forma en plural, independientemente del género.

Nom.	нóвые друзья	[nòvyi druz'jà]	los nuevos amigos
Gen.	нóвых друзéй	[nòvych druzjéj]	de los nuevos amigos
Dat.	нóвым друзьям	[nòvym druz'jàm]	a los nuevos amigos
Ac.	нóвых друзéй	[nòvych druzjéj]	los nuevos amigos
Instr.	нóвыми друзьями	[nòvymi druzjàmi]	con los nuevos amigos
Pr.	о нóвых друзьях	[a nòvych druz'jàch]	acerca de los nuevos amigos

Muchos adjetivos tienen las desinencias de nominativo siempre acentuadas:

	Masculino	**Femenino**	**Neutro**
Singular	**-óй**	**-áя**	**-óe**
Plural	**-ые**		

дорогóй	[daragòj]	querido
дорогáя	[daragàja]	querida
дорогóе	[daragòje]	querido (neutro)
дорогúе	[daragìi]	querido/-os

Adjetivos calificativos largos y breves

Adjetivos con forma larga y breve

Casi todos los adjetivos rusos tienen dos formas, una larga y otra breve. La forma larga se usa como atributo y precede al sustantivo al que se refiere; la forma breve sólo se usa como predicado. Los adjetivos breves no se declinan y concuerdan con el sujeto en género y número.

благодáрный - благодáрен	[blagadàrin]	grato, satisfecho
благодáрная - благодáрна	[blagadàrna]	grata
благодáрное - благодáрно	[blagadàrna]	grato
благодáрные - благодáрны	[blagadàrny]	gratos/-as

El adjetivo **свобóдный** tiene tanto una forma larga como una breve. En este caso, se inserta una **-e-** en el tema del adjetivo breve de la forma masculina:

Masculino	свобóдный - свобóден	[svabòdnyj - svabòdin]	libre
Femenino	свобóдная - свобóдна	[svabòdnaja - svabòdna]	libre
Neutro	свобóдное - свобóдно	[svabòdnaja - svabòdno]	libre
Plural	свобóдные - свобóдны	[svabòdnyi - svabòdny]	libres

En otros casos, aparece una **-о-**:

Masculino	блúзкий - блúзок	[blìskij - blìzak]	cercano
Femenino	блúзкая - близкá	[blìskaja - bliskà]	cercana
Neutro	блúзкое - блúзко	[blìskaja - blìska]	cercano
Plural	блúзкие - близкú	[blìskii - bliskì]	cercanos/-as

Adjetivos con forma larga

Muchos adjetivos sólo tienen la forma larga:

америкáнский=-ая=-ое=-ие	americano/-a/-os/-as
глáвный=-ая=-ое=-ые	principal/-es
испанский =-ая=-ое=-ие	español/-a/-es/-as

Grados del adjetivo: positivo, comparativo y superlativo

Los adjetivos tienen tres grados de comparación: positivo, comparativo y superlativo.

El grado positivo

El grado positivo indica una cualidad:

большо́й=-ая=-ое=-ие	grande/-es
краси́вый=-ая=-ое=-ые	bello/-a/-os/-as
ми́лый=-ая=-ое=-ые	guapo/-a/-os/-as
широ́кий=-ая=-ое=-ие	largo/-a/-os/-as

El grado comparativo

El grado comparativo de un adjetivo establece una comparación entre dos términos, expresando en el segundo una idea de superioridad, inferioridad o igualdad.

EL COMPARATIVO DE SUPERIORIDAD

• Con la construcción **бо́лее** («más») + adjetivo + **чем** («que») + el segundo término en nominativo:

бо́лее краси́вый=-ая=-ое=-ые чем	más bello/-a/-os que
А́нна бо́лее краси́вая, чем Ри́та.	Ana es más bella que Rita.

• Añadiendo el sufijo **-ee** al adjetivo + el segundo término de la comparación en genitivo; los adjetivos en grado comparativo son invariables en género, número y caso:

краси́вый - краси́вее	más bello que
краси́вая - краси́вее	más bella que
краси́вые - краси́вее	más bellos que
А́нна краси́вее Ри́ты.	Ana es más bella que Rita.

EL COMPARATIVO DE INFERIORIDAD

El comparativo de inferioridad se construye de la siguiente manera:

• Con la construcción **ме́нее** («menos») + adjetivo + **чем** («que») + el segundo término en nominativo:

ме́нее краси́вый=-ая=-ое=-ые чем	menos bello/-a/-os que
Ри́та ме́нее краси́вая, чем А́нна.	Rita es menos bella que Ana.

EL COMPARATIVO DE IGUALDAD

Este comparativo se construye con **тако́й же, как** ... («tan ... como ...», «como»):

тако́й же краси́вый, как ...	es tan bello como ...
така́я же краси́вая, как ...	es tan bella como ...
тако́е же краси́вое, как ...	es tan bello como ...
таки́е же краси́вые, как ...	son tan bellos como ...
Мари́на така́я же краси́вая, как Еле́на.	Marina es tan bella como Elena.

El grado superlativo

El grado superlativo del adjetivo indica el máximo grado de una cualidad. Un adjetivo está en grado absoluto cuando no tiene términos de comparación, y está en grado superlativo relativo cuando la cualidad máxima está en relación con otro adjetivo.

EL SUPERLATIVO ABSOLUTO

Este superlativo se forma añadiendo al adjetivo varios prefijos o sufijos:

— los prefijos **пре-, наи-, рас-**: преми́лый=-ая=-ое=-ые («guapísimo/-a/-os/-as»); наибо́льший=-ая=-ее=-ие («grandísim-o/-a/-os/-as»);

— el sufijo **-ейш-/-айш-**, que es la forma más utilizada:
красивейший=-ая=-ее=-ие («bellísimo/-a/-os/-as»);
широчайший=-ая=-ее=-ие («larguísimo/-a/-os/-as»);
— los prefijos **пре-**, **наи-**, **рас-** + el sufijo **-ейш-/-айш-**:
премилейший=-ая=-ее=-ие («guapísimo/-a/-os/-as»).

EL SUPERLATIVO RELATIVO

Se forma con la siguiente construcción: **самый**=**-ая**=**-ое**=
-ые + adjetivo + **из** («del, de la, de los, de las») + el segundo
término de la comparación en genitivo:

Это самая красивая улица города.
Es la carretera más bella de la ciudad.

Красная площадь — это самая известная площадь Москвы.
La plaza Roja es la plaza más famosa de Moscú.

Мария — самая красивая девушка из всех студенток.
María es la muchacha más bella de todas las estudiantes.

Ejercicios

Ejercicio 1. Construya las frases con la ayuda de la forma corta
de los adjetivos:

Ej.: **интересная книга** [intieriésnaia kníga] («un libro interesante»): **Кига интересна** [kníga intieriésna] («El libro es
interesante»).

   1. **красивые цветы** [krasíbi*ie tsvietí*] («flores bonitas»):
   ....
   2. **новый стол** [nóvi*î stol] («una mesa nueva»): ....
   3. **хорошая девушка** [jaróshaia diévushka] («una buena
   chica»): ....
   4. **молодые люди** [maladí*ie liúdi] («gente joven»): ....

5. **толстый человек** [tólsti*î chielaviék] («una persona gorda»): ....
6. **холодная вода** [jalódnaia vadá] («agua fría»): ....
7. **вкусный обед** [vkúsni*î abiéd] («una comida sabrosa») ....

Frases útiles

En el hotel

Я хотел бы заказать номер, пожалуйста.
[iá jatiél by zakazát nómier, pazhálsta]
Quisiera reservar una habitación, por favor.

Нас трое.
[nas tróie]
Somos tres.

Надо платить заранее?
[náda platít zaráneie]
¿Hay que pagar por adelantado?

Сколько стоит неполный пансион?
[skólka stóit niepólnyi pansión]
¿Cuánto cuesta la media pensión?

Где подают завтрак?
[gdié padaiút závtrak]
¿Dónde se sirve el desayuno?

Во сколько нам надо освободить номер?
[va skólka nam náda asvabadít nómier]
¿A qué hora tenemos que dejar la habitación?

Мне кажется, что в счёте есть ошибка.
[mnié kázhietsia, shto v sshiótie iest ashíbka]
Creo que hay un error en la factura.

Вы не против, если я оставлю багаж здесь до ...?
[vy nié prótiv, iésli astavliáiu bagázh zdiés da]
¿Puedo dejar aquí mi equipaje hasta...?

Пожалуйста, вызовите такси.
[pazhálsta, vyzavítie taksí]
Por favor, llame un taxi.

El adjetivo II

Adjetivos demostrativos

En ruso los adjetivos demostrativos son dos: **этот** [état] («este»), que designa el objeto próximo, y **тот** [tot] («aquel»), que designa el objeto alejado.

Igual que los adjetivos, concuerdan en género, número y caso con los sustantivos a los que acompañan.

	Masculino	Femenino	Neutro	Plural
Nom.	этот	эта	это	эти
Gen.	этого	этой	этого	этих
Dat.	этому	этой	этому	этим
Ac.	этот-этого	эту	это	этих
Instr.	этим	этой	этим	этими
Pr.	этом	этой	этом	этих

	Masculino	Femenino	Neutro	Plural
Nom.	тот	та	то	те
Gen.	того	той	того	тех
Dat.	тому	той	тому	тем
Ac.	тот-того	ту	то	тех
Instr.	тем	той	тем	теми
Pr.	том	той	том	тех

Adjetivos posesivos

Singular		
Masculino	**Femenino**	**Neutro**
мóй [mòj]	моя́ [majà]	моё [majò] mi
твóй [tvòj]	твоя́ [tvajà]	твоё [tvajò] tu
егó [ivò]	её [ijò]	егó [ivò] su
наш [naš]	нáша [nàša]	нáше [nàše] nuestro/-a
ваш [vaš]	вáша [vàša]	вáше [vàše] vuestro/-a
их [ich]	их [ich]	их [ich] su

Los adjetivos posesivos en plural tienen una única forma para los tres géneros:

Plural		
мои́	[maì]	mis
твои́	[tvaì]	tus
их	[ich]	sus
нáши	[nàši]	nuestros/-as
вáши	[vàši]	vuestros/-as
их	[ich]	sus

Declinación de los adjetivos posesivos свóй («propio, suyo»), своя́ («propia, suya»), своё («propio, suyo»); свои́ («propios/-as, suyos/-as»)

Estos adjetivos posesivos se declinan como мóй («mío») y твóй («tuyo»).

Masculino singular

Nom.	свóй	[svòj]	propio, su, suyo
Gen.	своегó	[svaivò]	del propio, de su
Dat.	своемý	[svaimù]	al propio, a su

Ac.	*inanimado*	свой	[svòj]	propio, suyo
	animado	своего́	[svaivò]	propio, suyo
Instr.		свои́м	[svaìm]	con el propio, con su
Pr.		о свое́м	[a svajòm]	en el propio, en su

Femenino singular

Nom.	своя́	[svajà]	propia, su, suya
Gen.	свое́й	[svajèj]	de la propia, de su
Dat.	свое́й	[svajèj]	a la propia, a su
Ac.	свою́	[svajù]	propia, suya
Instr.	свое́й	[svajèj]	con la propia, con su
Pr.	о свое́й	[a svajèj]	en la propia, en su

Neutro singular

Nom.		своё	[svajò]	propio, su, suyo
Gen.		своего́	[svaivò]	del propio, de su
Dat.		своему́	[svaimù]	al propio, a su
Ac.	*inanimado*	своё	[svajò]	propio, suyo
	animado	своего́	[svaivò]	propio, suyo
Instr.		свои́м	[svaìm]	con el propio, con su
Pr.		о своём	[a svajòm]	en el propio, en su

Plural

Nom.		свои́	[svaì]	propios/-as, sus, suyos/-as
Gen.		свои́х	[svaìch]	de los/las propios/-as, de sus
Dat.		свои́м	[svaìm]	a los/las propios/-as, a sus
Ac.	*inanimado*	свои́	[svaì]	propios/-as, sus, suyos/-as
	animado	свои́х	[svaìch]	propios/-as, sus, suyos/-as
Instr.		свои́ми	[svaìmi]	con los/las propios/-as, con sus
Pr.		о свои́х	[a svaìch]	en los propios/-as, en sus

Adjetivos numerales cardinales

нуль	[núl]	0
один	[adín]	1
два	[dvá]	2
три	[tri]	3
четыре	[chìtyrie]	4

ноль	[piát]	5
шесть	[shiést]	6
семь	[siém]	7
восемь	[vósiem]	8
девять	[diéviat]	9
десять	[diésiat]	10
одиннадцать	[adínatsat]	11
двенадцать	[dvinátsat]	12
тринадцать	[trinátsat]	13
четырнадцать	[chityrnatsat]	14
пятнадцать	[pitnátsat]	15
шестнадцать	[shisnátsat]	16
семнадцать	[simnátsat]	17
восемнадцать	[vasimnátsat]	18
девятнадцать	[divitnátsat]	19
двадцать	[dvátsat]	20
двадцать один	[dvátsat adín]	21
двадцать два	[dvátsat dva]	22
тридцать	[trídsat]	30
сорок	[sórak]	40
пятьдесят	[piatdiesiát]	50
шестьдесят	[shiestdiesiát]	60
семьдесят	[siémdiesiát]	70
восемьдесят	[vósiemdiesiat]	80
девяносто	[divinósta]	90
сто	[sto]	100
двести	[dviésti]	200
триста	[trísta]	300
четыреста	[chityriesta]	400
пятьсот	[piatsót]	500
шестьсот	[shiestsót]	600
семьсот	[siemsót]	700
восемьсот	[vasiemsót]	800
девятьсот	[divitsót]	900
тысяча	[tysichi]	1000

En los numerales del 21 al 29, del 31 al 39, del 101 al 109, del 121 al 129, y así sucesivamente, las decenas preceden a la unidad y se escriben separadas.

Оди́н («uno»)

* El numeral cardinal оди́н, cuando precede a un sustantivo singular, se traduce como un artículo indeterminado:

Masculino	оди́н	[adìn]	uno
	оди́н чемода́н		una maleta
Femenino	одна́	[adnà]	una
	одна́ неде́ля		una semana
Neutro	одно́	[adnò]	uno
	одно́ окно́		una ventana

* En plural, no se traduce como un artículo plural, sino como el adjetivo solo/-a.

Plural	одни́	[adnì]	solos/-as

В ко́мнате бы́ли одни́ де́ти.
En la habitación estaban los niños (= los niños solos).

Два («dos»)

El numeral два se emplea con los sustantivos masculinos y neutros; mientras que две, con los sustantivos femeninos:

Masculino	два чемода́на	dos maletas
Neutro	два окна́	dos ventanas
Femenino	две неде́ли	dos semanas

Casos que rigen los numerales

En función del sujeto, los numerales **два**, **две**, **три**, **четы́ре** rigen genitivo singular: два (три, четыре) дня, две (три, четыре) неде́ли.

A partir de **пять**, todos los numerales cardinales rigen genitivo plural: пять (шесть, дéсять) днéй, пять (вóсемь, дéсять) недéль.

Declinación de los numerales cardinales

* Los numerales cardinales del пять (5) al трúдцать (30) se declinan como los sustantivos femeninos que terminan con el signo blando **-ь**:

Nom. y Ac.	пять, дéвять, пятнáдцать, трúдцат
Gen., Dat. y Pr.	пятú, девятú, пятнáдцати, тридцатú
Instr.	пятью, девятью, пятнáдцатью, тридцатью

* Los numerales пятьдесят (50), шестьдесят (60), сéмьдесят (70), вóсемьдесят (80) se declinan, ambos componentes, como los sustantivos femeninos que terminan con el signo blando **-ь**:

Nom. y Ac.	пятьдесят, шестьдесят, сéмьдесят, вóсемьдесят
Gen., Dat. y Pr.	пятúдесяти, шестúдесяти, семúдесяти, восьмúдесяти
Instr.	пятьюдесятью, шестьюдесятью, семьюдесятью, восемьюдесятью

* Los numerales cardinales сóрок (40), девянóсто (90) y сто (100), en todos los casos excepto en el nominativo y el acusativo, tienen la desinencia **-a**:

Nom. y Ac.	сóрок, девянóсто, сто
Gen., Dat., Instr. y Pr.	сорокá, девянóста, ста

* Los numerales compuestos por сто (100), двéсти (200), трúста (300) y четыреста (400) se declinan, ambos componentes, de una forma particular:

Nom.	двѐсти	трѝста	четы̀реста
Gen.	двухсо́т	трёхсо́т	четырёхсо́т
Dat.	двумста́м	трёмста́м	четырёмста́м
Ac.	двѐсти	трѝста	четы̀реста
Instr.	двумяста́ми	тремяста́ми	четырьмяста́ми
Pr.	о двухста́х	о трёхста́х	о четырёхста́х

* Los otros numerales formados por сто (100) también se declinan, ambos componentes, de una forma particular: пятьсо́т (500), шестьсо́т (600), семьсо́т (700), восемьсо́т (800) y девятьсо́т (900):

Nom.	пятьсо́т	шестьсо́т	девятьсо́т
Gen.	пятисо́т	шестисо́т	девятисо́т
Dat.	пятиста́м	шестиста́м	девятиста́м
Ac.	пятьсо́т	шестьсо́т	девятьсо́т
Instr.	пятьюста́ми	шестьюста́ми	девятьюста́ми
Pr.	о пятиста́х	о шестиста́х	о девятиста́х

Edad

Para expresar la edad, se emplean los numerales cardinales junto con el sustantivo **лѐто** (en antiguo ruso, «año») en genitivo plural; el sujeto lógico debe ir en dativo:

Ната́ше два́дцать лет.
Natascia tiene veinte años.

Мне три́дцать пять лет.
Yo tengo treinta y cinco años.

Adjetivos numerales ordinales

пѐрвый	[piérvyĭ]	primero
второ́й	[vtaróĭ]	segundo
тре́тий	[triétiĭ]	tercero

четвёртый	[chitviórtyî]	cuarto
пятый	[piátyî]	quinto
шестой	[shiestóî]	sexto
седьмой	[siedmóî]	séptimo
восьмой	[vasmóî]	octavo
девятый	[diviátyî]	noveno
десятый	[disiátyî]	décimo
одиннадцатый	[adínatsatyî]	decimoprimero
двенадцатый	[dvienátsatyî]	decimosegundo
тринадцатый	[trinátsatyî]	decimotercero
четырнадцатый	[chityrnatsatyî]	decimocuarto
пятнадцатый	[pitnátsatyî]	decimoquinto
шестнадцатый	[shisnátsatyî]	decimosexto
семнадцатый	[simnátsatyî]	decimoséptimo
восемнадцатый	[vasimnátsatyî]	decimooctavo
девятнадцатый	[divitnátsatyî]	decimonono
двадцатый	[dvatsátyî]	vigésimo
двадцать первый	[dvátsat piérvyî]	vigesimoprimero
двадцать второй	[dvátsat vtaróî]	vigesimosegundo

Los numerales ordinales tienen las mismas desinencias que los adjetivos y se declinan como estos, concordando en género número y caso con el sustantivo al que acompañan.

Ejercicios

Ejercicio 1. Escriba los números siguientes en letras:

1. 2: ....
2. 13: ....
3. 17: ....
4. 21: ....
5. 45: ....
6. 77: ....
7. 134: ....

Frases útiles

En la ciudad

Какое расписание у музея?
[kakóe raspisánie u muzéia]
¿Cuál es el horario del museo?

Сколько стоит билет?
[skólka stóit biliét]
¿Cuánto cuesta la entrada?

У вас есть карта города?
[u vas iést kárta górada]
¿Tiene un mapa de la ciudad?

Какие примечательные здания в городе?
[kakíe primiechátielnie zdánia v góradie]
¿Qué edificios notables hay en la ciudad?

Можно снимать (фотографировать) ?
[mózhna snimát fotografirobets]
¿Está permitido tomar fotografías?

У вас есть скидки для студентов?
[u vas iést skídki dliá studiéntav]
¿Hay descuento para estudiantes?

El adjetivo III

Adjetivos interrogativos

Las frases interrogativas en ruso se construyen igual que en español, es decir, el orden de las palabras en la frase no cambia, pero sí la entonación y se hace hincapié en la palabra sobre la que recae la pregunta.

Adjetivos y pronombres interrogativos			
Masculino	какóй?	[kakòj?]	¿cuál? ¿qué?
Femenino	какáя?	[kakàja]	¿cuál? ¿qué?
Neutro	какóе?	[kakòi?]	¿cuál? ¿qué?
Plural	какúе?	[kakìi?]	¿cuáles? ¿qué?

Declinación de adjetivos
y pronombres interrogativos

Masculino	какóй	[kakòj]	**cuál, qué**
Nom.	какóй	[kakòj]	cuál
Gen.	какóго	[kakòva]	de cuál
Dat.	какóму	[kakòmu]	a cuál
Ac. *animado*	какóго	[kakòva]	cuál
inanimado	какóй	[kakòj]	cuál
Instr.	какúм	[kakìm]	con cuál
Pr.	о какóм	[a kakòm]	acerca de cuál

Femenino	какáя	[kakàja]	**cuál, qué**
Nom.	какáя	[kakàja]	cuál
Gen.	какóй	[kakòj]	de cuál
Dat.	какóй	[kakòj]	a cuál
Ac.	какýю	[kakùju]	cuál
Instr.	какóй	[kakòj]	con cuál
Pr.	о какóй	[a kakòj]	acerca de cuál

Neutro	какóе	[kakòi]	**cuál, qué**
Nom.	какóе	[kakòi]	cuál
Gen.	какóго	[kakòva]	de cuál
Dat.	какóму	[kakòmu]	a cuál
Ac. *animado*	какóго	[kakòva]	cuál
inanimado	какóе	[kakòi]	cuál
Instr.	какúм	[kakìm]	con cuál
Pr.	о какóм	[a kakòm]	acerca de cuál

Plural	какúе	[kakìi]	**cuáles, qué**
Nom.	какúе	[kakìi]	cuáles
Gen.	какúх	[kakìch]	de cuáles
Dat.	какúм	[kakim]	a cuáles
Ac. *animado*	какúх	[kakìch]	cuáles
inanimado	какúе	[kakìi]	cuáles
Instr.	какúми	[kakìmi]	con cuáles
Pr.	о какúх	[a kakìch]	acerca de cuáles

Adjetivo interrogativo скóлько? (¿cuánto?)

El adjetivo interrogativo **скóлько?** es invariable en singular y en plural para los tres géneros (masculino, femenino y neutro) y va seguido de genitivo plural.

скóлько?	[skòl'ka]	¿cuánto? ¿cuánta? ¿cuántos? ¿cuántas?
скóлько днéй?		¿cuántos días?
на скóлько днéй?		¿por cuántos días?
скóлько недéль?		¿cuántas semanas?
на скóлько недéль?		¿por cuántas semanas?

Adjetivos indefinidos

Los adjetivos indefinidos какóй-нибудь («uno, alguien»), какáя-нибудь («una»), какóе-нибудь («uno»), какúе-нибудь («algún») se declinan como los adjetivos interrogativos какóй, какáя, какóе; какúе («cuál/es»). El sufijo **-ни-будь** permanece invariable.

> Я хотéл бы посмотрéть какóй-нибудь боевúк.
> Querría ver una película de acción.
>
> Мы хотéли бы посмотрéть какýю-нибудь комéдию.
> Querríamos ver una comedia.

Ejercicios

Ejercicio 1. Escriba preguntas utilizando las palabras interrogativas que figuran entre paréntesis:

Ej.: **Иван (кто)** - кто Иван?

1. **Мáрта (кто)** [márta] («Marta»): ....
2. **стол (где)** [stol] («mesa»): ....
3. **двор (что)** [dvor] («patio»): ....
4. **бар (что)** [bar] («bar»): ....
5. **Педро (кто)** [pedro] («Pedro»): ....

Frases útiles

Diversiones

Сегóдня вéчером есть какóй-нибудь интерéсный спектáкль?
[sivódnia viéchieram iést kakói-nibud intieriésnyi spiektákel]
¿Hay algún espectáculo interesante esta noche?

Я хотел бы пойти в кино.
[iá jatiél by paití v kinó]
Me gustaría ir al cine.

Скажите, пожалуйста, когда начинается сеанс?
[skazhítie, pazhálsta, kagdá nachináietsia sieáns]
¿Puede decirme cuándo comienza la sesión?

В котором часу заканчивается?
[v katórom chasu zakanchiváietsia]
¿A qué hora termina?

Есть билеты на сегодня на вечер?
[iést biliéty na sievódnia na vicher]
¿Hay localidades para esta noche?

Возьму эти. Сколько стоят?
[vozmú éti. skólka stóit]
Me quedo estas. ¿Cuánto cuesta?

Где находятся эти места?
[gdié najódiatsia éti miestá]
¿Dónde están estas butacas?

Где находится гардероб?
[gdié najóditsia gardierób]
¿Dónde está el guardarropa?

Pronombres

Pronombres personales

Los pronombres personales con función de sujeto son los siguientes:

я	[iá]	yo
ты	[ty]	tú
он	[on]	él
она	[aná]	ella
оно	[anó]	ello
мы	[my]	nosotros
вы	[vy]	vosotros
вы	[vy]	usted, ustedes
они	[añí]	ellos, ellas

Respecto a la tabla de los pronombres personales conviene hacer unas observaciones. El pronombre personal **вы** [vy] indica tres personas a la vez: vosotros, usted y ustedes, por lo que se puede distinguir a quién se dirige el hablante sólo por el contexto. Asimismo, únicamente la tercera persona del singular distingue entre el femenino y el masculino. Por otra parte, en la transcripción de **они** [añí] («ellos/ellas») hemos utilizado la [ñ], ya que la pronunciación de esta [n] es tan blanda que se parece más a nuestra [ñ].

Declinación de los pronombres personales

Nom.	Gen.	Dat.	Ac.	Instr.	Pr.	
я	меня	мне	меня	мной	мне	yo
ты	тебя	тебе	тебя	тобой	тебе	tú
он	он/его	он/ему	он/его	он/им	нём	él
она	она/её	она/ей	она/её	она/ей	ней	ella
мы	нас	нам	нас	нами	нас	nosotros
вы	вас	вам	вас	вами	вас	vosotros
они	их	им	их	ними	них	ellos/-as

Los pronombres de tercera persona toman la **н** cuando van
después de una preposición: **к ней** [k niéi] («a su casa»); **с ним**
[s nim] («con él»).

Ac.	Я тебя вижу.	[iá tibiá vízhu]	Yo te veo.
Gen.	Я его не вижу.	[iá ievó nié vízhu]	Yo no le veo.
Dat.	Я даю ему книгу.	[iá daiú iemú knígu]	Yo le doy un libro.
Prep.	Она говорит о ней.	[aná gavarít a niéi]	Habla de ella.

Pronombres demostrativos

Ver «Adjetivos demostrativos» (p. 41).

Uso del pronombre demostrativo **это** («este»)

El pronombre demostrativo **это** («este») usado como sujeto
es invariable.

Это дирéктор.	Este es el director.
Это директорá.	Estos son los directores.
Это дéвушка.	Esta es una muchacha.
Это дéвушки.	Estas son unas muchachas.
Это телефóн.	Esto es un teléfono.
Это телефóны.	Estos son unos teléfonos.
Это окнó.	Esta es una ventana.
Это óкна.	Estas son unas ventanas.

Pronombres posesivos

Ver «Adjetivos posesivos» (p. 42).

Pronombres determinativos

Los pronombres determinativos se dividen en dos grupos: los que se declinan como adjetivos y los que se declinan como sustantivos.

Pronombres que se declinan como adjetivos

самый	[sámyĭ]	mismo
такой	[takóĭ]	tal
многие	[mnóguiie]	muchos
столько	[stólka]	tantos (sólo plural)
каждый	[kázhdyĭ]	cada
любой	[liubóĭ]	cualquier

Pronombres que se declinan como sustantivos

весь	[viés]	todo
сам	[sam]	mismo
один	[adín]	uno
друг друга	[drug drúga]	uno y otro

Declinaciones

весь [viés]

	Masculino	Neutro	Femenino	Plural
Nom.	весь	всё	вся	все
Gen.	всего	всего	всей	всех
Dat.	всему	всему	всей	всем
Ac.	весь/всего	всё	всю	все/всех
Inst.	всем	всем	всей	всеми
Prep.	всём	всём	всей	всех

сам [sam]

	Masculino	Neutro	Femenino	Plural
Nom.	сам	само	сама	сами
Gen.	самого	самого	самой	самих
Dat.	самому	самому	самой	самим
Ac.	сам/самого	само	саму	сами/самих
Inst.	самим	самим	самой	самими
Prep.	самом	самом	самой	самих

один [adín]

	Masculino	Neutro	Femenino	Plural
Nom.	один	одно	одна	одни
Gen.	одного	одного	одной	одних
Dat.	одному	одному	одной	одним
Ac.	один/одного	одно	одну	одни/одних
Inst.	одним	одним	одной	одними
Prep.	одном	одном	одной	одних

друтг друга [drug drúga]

Nom.	(no tiene)
Gen.	друг друга
Dat.	друг другу
Ac.	друг друга
Inst.	друг другом
Prep.	друг друге

En el pronombre recíproco **друг друга** sólo se declina el segundo elemento, siguiendo el modelo de los sustantivos masculinos. Tampoco concuerda en género y número.

Pronombres interrogativos

Ver «Adjetivos interrogativos» (p. 51).

Pronombres interrogativos

ско́лько?	[skòl'ka]	¿cuánto?
кто?	[ktò]	¿quién?
что?	[štò]	¿qué?
чей? чья? чьё?	[čjéj, č'jà, č'jò]	¿de quién?
како́й? кака́я? како́е?	[kakòj, kakàja, kakòi]	¿cuál?

кто? [kto?] ¿quién?
Кто его́ спра́шивает?
[kto ivò spràšivait?]
¿Quién lo desea?

что? [što?] ¿qué?
Что ты об э́том ду́маешь?
[što ty ab ètam dùmaiš?]
¿En qué piensas?

Pronombres indefinidos

Los pronombres indefinidos son de dos tipos: simples y compuestos.

Pronombres indefinidos simples

оди́н, одно́, одна́	[adìn, adnò, adnà]	uno, una
друго́й, друго́е, друга́я	[drugòj, drugòi, drugàja]	otro, otra
ско́лько	[skòl'ka]	cuanto
не́сколько	[njéskal'ka]	algún/-o
кто	[ktò]	quien
не́кто	[njékta]	uno
никто́	[niktò]	ninguno
что	[štò]	que
не́что	[njéšta]	algo, alguna cosa
ничто́	[ništò]	nada, ninguna cosa
чей, чья, чьё	[čjéj, č'jà, č'jò]	de quien
ниче́й, ничья́, ничьё	[ničjéj, nič'jà, nič'jò]	de nadie
како́й, кака́я, како́е	[kakòj, kakàja, kakòi]	cual
никако́й, никака́я,	[nikakòj, nikakàja]	ninguno
никако́е	[nikakòi]	ninguna

Pronombres indefinidos compuestos

A algunos pronombres indefinidos simples se les pueden añadir los sufijos -то, -либо, -нибýдь y los prefijos кóе-, не-. De esta manera, se forman pronombres indefinidos compuestos. El acento no recae nunca sobre estos sufijos o prefijos. El guión no se omite nunca.

ктó-то (-либо, -нибудь)	[ktò-ta (-liba, -nibut')]	alguien, uno cualquiera
чтó-то (-либо, -нибудь)	[štò-ta (-liba, -nibut')]	alguna cosa, algo, cualquier cosa
чéй-то (-либо, -нибудь)	[čjéj-ta (-liba, -nibut')]	de alguien
чья́-то (-либо, -нибудь)	[č'jà-ta (-liba, -nibut')]	de una cualquiera
чьё-то (-либо, -нибудь)	[č'jò-ta (-liba, -nibut')]	de uno cualquiera
какóй-то (-либо, -нибудь)	[kakòj-ta (-liba, -nibut')]	uno, uno cualquiera
какáя-то (-либо, -нибудь)	[kakàja-ta (-liba, -nibut')]	una, una cualquiera
какóе-то (-либо, -нибудь)	[kakòi-ta (-liba, -nibut')]	uno, uno cualquiera

Pronombres relativos

El pronombre relativo **который** [katóryî] («que») se emplea con sustantivos animados e inanimados y concuerda en género y número con su antecedente. El caso depende de su función en la oración subordinada. Se declina como un adjetivo.

Ejemplo 1

Я вошла в магазин, который находится рядом с театром.
[iá vashlá v magazín katóryî najóditsia riádam s tieátram]
Entré en la tienda que se encuentra junto al teatro.

Ejemplo 2

Я встретился с человеком, о котором я тебе говорил.
[iá vstriétilsia s chielaviékam a katóram iá tiebié gavanî]
Me encontré con la persona de quien te hablé.

Ejemplo 3

Я прочитала книгу, которую ты мне подарил.
[iá prachitála knígu katóruiu ty mnié padaríl]
He leído el libro que me regalaste.

En el ejemplo 1 el pronombre se encuentra en caso nominativo porque es el sujeto de la oración subordinada. En el segundo, el pronombre relativo está en caso prepositivo porque después de la preposición **o** se pone el prepositivo. En el tercero, el pronombre relativo está en acusativo (femenino singular) porque cumple la función de complemento directo del verbo.

Declinación de los pronombres relativos

Singular masculino который [katòryj] («que, cual»)

Nom.	который	[katòryj]	que, cual
Gen.	которого	[katòrava]	del que, del cual
Dat.	которому	[katòramu]	al que, al cual
Ac. *animado*	которого	[katòrava]	que, cual
inanimado	который	[katòryj]	que, cual
Instr.	которым	[katòrym]	con el que, con el cual
Pr.	о котором	[a katòram]	acerca del que/del cual

Singular femenino которая [katòraja] («que, la cual»)

Nom.	которая	[katòraja]	que, cual
Gen.	которой	[katòraj]	de la que, de la cual
Dat.	которой	[katòraj]	a la que, a la cual
Ac.	которую	[katòruju]	que, cual
Instr.	которой	[katòraj]	con la que, con la cual
Pr.	о которой	[a katòraj]	acerca de la que/de la cual

Singular neutro которое [katòraja] («que, el cual»)

Nom.	которое	[katòraja]	que, cual
Gen.	которого	[katòrava]	del que, del cual
Dat.	которому	[katòramu]	al que, al cual
Ac.	которое	[katòraja]	que, cual
Instr.	которым	[katòrym]	con el que, con el cual
Pr.	о котором	[a katòram]	acerca del que/del cual

Plural кото́рые [katòryi] («que, cuales»)

Nom.		кото́рые	[katòryi]	que, cuales
Gen.		кото́рых	[katòrych]	de los que, de los cuales
Dat.		кото́рым	[katòrym]	a los que, a los cuales
Ac.	*animado*	кото́рых	[katòrych]	que, cuales
	inanimado	кото́рые	[katòryi]	que, cuales
Instr.		кото́рыми	[katòrymi]	con los que
Pr.		о кото́рых	[a katòrych]	acerca de los que/de los cuales

Pronombres reflexivos

El pronombre reflexivo **себя** [sibiá] hace siempre referencia a
sujeto de la oración, por lo que nunca puede ser sujeto (no
tiene nominativo). Se emplea para expresar reciprocidad en la
acción sobre el sujeto. Carece de género y número.

Я покупаю себе книгу.
[iá pakupáiu sibié knígu]
Yo me compro un libro.

Declinación de **себя**

Gen.	себя	[sibiá]	de sí
Dat.	себе	[sibié]	a sí
Ac.	себя	[sibiá]	a sí mismo
Inst.	собой	[sabói]	consigo
Prep.	себе	[sibié]	acerca de sí

Ejercicios

Ejercicio 1. Indique cuál de los dos pronombres indefinidos e
el correcto:

1. Я слышу то/где .... нибудь музыку [iá slí*shu
gdié ta/gdié nibúd múzi*ku] («Oigo música en alguna
parte»).

2. **Кто то/кто** .... **нибудь тебе звонит по телефону** [kto ta/ktj nibúd tibié zvanít pa tieliefónu] («Alguien te llama por teléfono»).

3. **Когда то/когда** .... **нибудь я тебе расскажу об этом** [kagdá ta/kagdá nibúd iá tibié rasskaYú ab étam] («En algún momento te contaré sobre el tema»).

4. **Давай встретимся то/где** .... **нибудь** [daváî vsiétrimsia gdié ta/gdié nibúd] («Encontrémonos en cualquier parte»).

5. **У тебя есть то/что** .... **нибудь почитать**? [u tibiá iest chto ta/chto nibúd pachitát] («¿Tienes algo para leer?»).

6. **Я там что то/что** .... **нибудь вижу** [iá tam chto ta/chto nibúd víYu] («Veo algo allí»).

Ejercicio 2. Decline el pronombre relativo **который** [katóri*î] («que») en el caso correspondiente en cada oración:

1. **Это человек (который)** .... **я хорошо знаю** [éta chielaviék (katóri*î) iá jarashó znáiu] («Es una persona a la que conozco bien»).

2. **Это студент (который)** .... **хорошо говорит по- испански** [éta studiént (katóri*î) jarashó gavarít pa ispánskiî] («Es el estudiante que habla bien el español»).

3. **Это девушка (которая)** .... **работает в нашем отеле** [éta diévushkak (katóraia) rabótaeit v náchiem atiele] («Es la chica que trabaja en nuestro hotel»).

4. **Это студентка (которая)** .... **мы хорошо знаем** [éta studientka (katóraia) mi* jarashó znáiem] («Es una estudiante a la que conocemos bien»).

5. **Это сосед (который)** .... **есть большая собака** [éta sasiéd (katóri*î) iést balsháia sabáka] («Es un vecino que tiene un perro grande»).

6. **Это коллега (который)** .... **я часто звоню** [éta kalliega (katóri*î) iá chásta zvaniú] («Es el compañero al que llamo a menudo»).

Frases útiles

En el restaurante

Я хотел бы заказать стол на двоих.
[iá jatiél by zakazát stol na dvaíj]
Quería reservar una mesa para dos personas.

Извините, всё занято.
[izviníte, vsió zaniotá]
Lo siento, está completo.

Я заказал стол на имя...
[ia zakazál stol na ímia]
Tengo una mesa reservada a nombre de...

Молодой человек, пожалуйста, можете принести меню?
[maladói chielaviék, pazhálsta, mózhietie priniestí mieñú]
Camarero, ¿me puede traer el menú, por favor?

У вас есть карта вин?
[u vas iést kárta vin]
¿Tienen la carta de vinos?

На первое я хотел бы...
[na piérvaie iá jatiél by]
De primer plato quisiera...

Я хотел бы бутылку красного вина и ещё негазированную воду.
[iá jatiél by butylku krásnava viná i ieshtshó niegaziróvannuiu vódu]
Quisiera una botella de vino tinto y también agua mineral sin gas.

Подайте десерт.
[padáitie diesiért]
Sírvanos los postres.

Молодой человек, счёт, пожалуйста.
[maladói chielaviék, sshiót, pazhálsta]
Camarero, la cuenta, por favor.

Preposiciones

Uso de las preposiciones más importantes

Las principales preposiciones rusas, que adoptan diversos significados en función del caso que rijan, son las siguientes:

Preposición	Caso regido	Significado	Ejemplo
без	genitivo	sin	кофе без сахара café sin azúcar
благадаря	dativo	gracias a	благадаря ему gracias a él
в	acusativo	destino	иду в школу voy al colegio
		momento	в три часа a las tres
	prepositivo	en	я была в школе estaba en la escuela
		momento	в сентябре en septiembre
вместо	genitivo	en lugar de	вместо этого en lugar de esto
для	genitivo	para	зто для тебя esto es para ti
до	genitivo	hasta	я иду до магазина voy hasta la tienda

Preposición	Caso regido	Significado	Ejemplo
за	acusativo	movimiento hacia atrás	**бежать за автобусом** correr a por el autobús
	instrumental	detrás	**сидеть за столом** estar sentado en la mesa
		durante	**за обедом** durante la comida
из	genitivo	desde	**выйти из автобуса** salir del autobús
к	dativo	hacia	**я иду к Ивану** voy a casa de Iván
кроме	genitivo	salvo, excepto	**кроме тебя** excepto tú
между	instrumental	entre	**между магазином и школой** entre la tienda y el colegio
мимо	genitivo	a lo largo de	**проходить мимо почты** pasar por correos
на	acusativo	a, sobre	**ставить на стол** dejar sobre la mesa
			я иду на концерт voy a un concierto
	prepositivo	en	**я на концерте** estoy en un concierto
		sobre	**книга на столе** el libro está sobre la mesa
		transporte	**я иду на автобусе** voy en autobús
над	instrumental	sobre	**смеяться надо мной** reirse de mí
напротив	genitivo	frente	**магазин напротив школы** la tienda está frente a la escuela

Preposición	Caso regido	Significado	Ejemplo
о	prepositivo	acerca de	он говорит о книге habla del libro
около	genitivo	cerca de	я около почты estoy cerca de correos
от	genitivo	alejamiento	далеко от магазина lejos de la tienda
		causa	дрожать от холода temblar de frío
перед	instrumental	ante	перед отъездом antes de salir
по	dativo	por	гулять по парку pasear por el parque
		mediante	звонить по телефону llamar por teléfono
под	instrumental	bajo	под столом debajo de la mesa
после	genitivo	después	после занятий después de las clases
против	genitivo	contra	он против меня él está en contra de mí
с	instrumental	con	кофе с сахаром café con azúcar
	genitivo	desde	уйти с концерта irse del concierto
среди	genitivo	entre	среди людей entre la gente
у	genitivo	en casa de	она у Лены ella está en casa de Liena
		cerca de	магазин у киоска la tienda está junto al quiosco
через	acusativo	a través	через лес a través del bosque
		dentro de	через три часа dentro de tres horas

Preposiciones con verbos de movimiento

Preposiciones в, на, к con verbos de movimiento поéхать (ir con un medio), пойти (ir a pie, andar)

* Para indicar el complemento de movimiento a un lugar se emplean las preposiciones **в**, **на** seguidas de acusativo cuando el lugar al que se dirige está expresado con un sustantivo inanimado:

в
пойти в кинó   [pajtì f kinò]   ir al cine

на
пойти на стоя́нку   [pajtì na stajànku]   ir a la parada

* Cuando se dirige hacia una persona, se emplea la preposición **к** seguida de dativo:

пойти к дру́гу   [pajtì k drùgu]   ir hacia un amigo

Preposiciones до y по con verbos de movimiento

* éхать/доéхать **до** (ir hasta) rige genitivo. Indica acercamiento a un objeto o a una persona a poca distancia:

Доéдем до Арбáтской плóщади. Iremos hasta la plaza Arbatskaja.

* гуля́ть/погуля́ть **по** (pasear por) rige dativo e indica movimiento por una superficie:

Они гуля́ют по Кремлю́.   Ellos pasean por el Kremlin.

* проходи́ть/пройти **по** (pasar por, recorrer) rige dativo:

Пройдём по Арбáту.   Pasearemos por Arbat (= recorreremos Arbat).

Preposiciones в, на (a) con el verbo de movimiento пойти (ir)

пойти в буфéт (в теáтр, в кино)
ir al bufé (al teatro, al cine)

пойти на фильм ...
ir a ver la película...

пойти на фильм «Сибúрский цирюльник»
ir a ver la película «El barbero de Sevilla»

пойти на óперу «Севúльский цирюльник»
ir a ver la ópera «El barbero de Sevilla»

пойти на «Севúльского цирюльника»
ir a ver «El barbero de Sevilla»

Ejercicios

Ejercicio 1. Sustituya los puntos por la preposición correcta:

1. **Я отказáлась** .... **пóмощи** [iá atkazálas ....
pómashtshi] («Rechacé su ayuda»).
2. **Ты идёшь** .... **концéрт** .... **брáтом** [ti*
idiósh .... brátam] («Vas a un concierto con
tu hermano»).
3. **Я её ждалá** .... **метрó** .... **магазúна** [iá
ieió Ydalá .... mietró .... magazína] («La espe-
raba en la parada de metro frente a la tienda»).
4. **Они гуляли** .... **лесу** [añí guliáiut................... liesú]
(«Pasean por el bosque»).
5. **Я выпью чай** .... **лимóном** [iá ví*piu chaî s li-
mónam] («Tomaré un té con limón»).
6. .... **тебя, я никудá не пойдý** [................... tibiá iá
nikudá nié paîdú] («Sin ti, no iré a ninguna parte»).

Frases útiles

De compras

Где могу купить...?
[gde magú kupít]
¿Dónde puedo comprar...?

Я хотел бы купить...
[iá jatiél by kupít]
Querría comprar...

Сколько стоит?
[skólka stóit]
¿Cuánto cuesta?

Можете его завернуть?
[mózhietie ievó zaviernút]
¿Me lo puede envolver?

Вы принимаете кредитные карточки?
[vy primáietie kriedítnye kartochki]
¿Aceptan tarjetas de crédito?

У вас есть размер побольше/поменьше?
[u vas iést razmiér pabólshie/pamiénshe]
¿Tiene una talla más grande/más pequeña?

Adverbios

El adverbio

El adverbio en ruso, al igual que en muchas otras lenguas, es invariable y puede derivar a partir de adjetivos, sustantivos o formas verbales. Existen diferentes tipos de adverbios, como pueden ser de modo, tiempo, lugar, cantidad o finalidad.

Los adverbios en -o

Se trata de los adverbios derivados de adjetivos calificativos en su forma corta (coinciden con la forma corta neutra). La siguiente tabla nos muestra unos ejemplos:

Adjetivo	Adverbio
хороший [jaróshiĭ] bien	хорошо [jarashó]
плохой [plajoĭ] mal	плохо [plója]
чистый [chístyĭ] limpiamente	чисто [chísta]
быстрый [bystryĭ] rápidamente	быстро [bystra]
правильный [právilnyĭ] correctamente	правильно [právilna]

Otras formas adverbiales

здесь	[zdiés]	aquí
там	[tam]	allí
нигде	[nigdié]	en ninguna parte
никогда	[nikagdá]	nunca
иногда	[inagdá]	a veces
везде	[viezdié]	en todas partes
часто	[chásta]	a menudo
всегда	[vsiegdá]	siempre
уже	[uzhié]	ya
сейчас	[siíchás]	ahora
теперь	[tiepiér]	ahora (en oposición a la acción anterior)
вчера	[vchierá]	ayer
завтра	[závtra]	mañana
так	[tak]	así
очень	[óchieñ]	muy
много	[mnóga]	mucho
тоже	[tózhie]	también
опять	[apiát]	otra vez

Grados de comparación de los adverbios

Formación del adverbio comparativo

El comparativo del adverbio se forma a partir de la raíz del ad
verbio, a la que se le añade el sufijo **-ee** [eie]; por ejemplo:

▩ быстрый   быстрее   [bystriéie]   más deprisa

Algunos adverbios modifican su raíz al formar el compara
tivo y pueden considerarse irregulares. Así, tenemos las si
guientes formas:

позно	позже	[pózzhie]	más tarde
рано	раньше	[ráñshie]	antes
много	больше	[bólshie]	más
мало	меньше	[miéñshie]	menos

Algunos adverbios forman el comparativo con la ayuda del adverbio **более** [bólieie] («más») o **менее** [miénieie] («menos»).

Formación de la comparación

Después del adverbio, el segundo término de la comparación puede ser:

— un término en genitivo:

Она выше Ивана.
[on vyshie ivána]
Ella es más alta que Iván.

— o un término en nominativo precedido por la conjunción **чем** [chiém]:

Она выше чем Иван.
[on vyshie chiém iván]
Ella es más alta que Iván.

Formación del superlativo

Los adverbios forman el superlativo con el comparativo y el pronombre **всех** [vsiéj] («de todos»).

Он пришёл позже всех.
[on prishiól pózzhie vsiéj]
Llegó más tarde que nadie.

Она лучше всех.
[aná lúchshie vsiéj]
Es la mejor.

Comparativos y superlativos irregulares

хорошó	[charašò]	bien
лýчше	[lùčši]	mejor
отлúчно	[atlìčna]	bonísimo, óptimo
плóхо	[plòcha]	mal
хýже	[chùži]	peor
óчень плóхо	[òčin' plòcha]	malísimo, pésimo

Adverbios бóлее «más» y мéнее «menos»

Los adverbios бóлее (más) y мéнее (menos) empleados con los numerales cardinales rigen genitivo.

Москвé сейчáс бóлее восьмисóт лет.
Actualmente Moscú tiene más de ochocientos años.

Ей мéнее сорокá лет.
Usted tiene menos de cuarenta años.

Ejercicios

Ejercicio 1. Coloque el adverbio que corresponda a cada una de las siguientes oraciones:

1. Ивáн .... пúшет пúсьма [iván .... píshiet písma] («Iván escribe cartas ....»).

2. Марúя .... разговáривает на урóке [maría .... razgavárivaiet na urókie] («María habla .... en clase»).

3. Учúтель .... закáнчивает урóки в два часá [uchítiel .... zakánchivaiet uróki v dva chasá] («El maestro .... acaba las clases a las dos»).

4. **Миша** .... **не опаздывает на работу**
[mísha .... nié apázdi*vaiet na rabótu] («Misha
.... llega tarde al trabajo»).

5. **Мы** .... **играем в шахматы** [mi* ....
igráiem v shájmati*] («Nosotr................ jugamos al ajedrez»).

6. **Они** .... **разговаривают по телефону**
[añí .... razgavárivaiut pa tieliefónu] («Ellos ha-
blan .... por teléfono»).

7. **Вечером я** .... **отдыхаю и слушаю музыку**
[viéchieram iá .... atdi*jáiu i slúshaiu múzi*ku] («Por
la tarde, yo .... descanso y escucho música»).

Frases útiles

En el banco

Где находится ближайший банкомат?
[gdié najóditsia blizháishi bankamát]
¿Dónde está el cajero más cercano?

В котором часу открывается банк?
[v katóram chasu atkryváietsia bank]
¿A qué hora abre el banco?

Пожалуйста, вы можете разменять?
[pazhálsta, vy mózhietie razmieniát]
Por favor, ¿puede darme cambio?

Где я могу снять деньги?
[gdié ia magú cniet diéñgue]
¿Dónde puedo sacar dinero?

Я забыл мой пароль.
[iá zabyl mói paról]
He olvidado mi contraseña.

Банкомат задержал мою карту.
[bankamát zadierzhál maiú kártu]
El cajero automático ha retenido mi tarjeta.

Где я должен подписать?
[gdié iá dólzhien paspisát]
¿Dónde tengo que firmar?

Verbos I

Conjugaciones verbales

1.ª conjugación

LOS VERBOS ACABADOS EN -АТЬ O -ЯТЬ

El signo blando después de la [t] palatiza esta letra, que suena con un ligero chasquido.

работать	[rabótat]	trabajar
читать	[chitát]	leer
слушать	[slúshat]	escuchar
понимать	[panimát]	entender
думать	[dúmat]	pensar
открывать	[atkryvát]	abrir
закрывать	[zakryvát]	cerrar
делать	[diélat]	hacer
гулять	[guliát]	pasear
начинать	[nachinát]	empezar
получать	[paluchát]	recibir

Para conjugar un verbo, se le quita la terminación **-ть** y se le añaden las terminaciones indicadas en negrita de la tabla siguiente, en la que vemos la conjugación del presente de indicativo del verbo **работать** [rabótat] («trabajar»).

Presente de indicativo (работать)

я работаю	[iá rabótaiu]	yo trabajo
ты работаешь	[ty rabótaiesh]	tú trabajas
он/она работает	[on/aná rabótaiet]	él/ella trabaja
мы работаем	[my rabótaiem]	nosotros/-as trabajamos
вы работаете	[vy rabótaietie]	vosotros/-as trabajáis
они работают	[añí rabótaiut]	ellos/-as trabajan

LOS VERBOS ACABADOS EN -ОВАТЬ О -ЕВАТЬ

рисовать	[risaváts]	dibujar
танцевать	[tantsieváts]	bailar
организовать	[arganizavát]	organizar
путешествовать	[putieshiéstvavat]	viajar
контролировать	[kantralíravat]	controlar
пробовать	[próbavat]	probar
воровать	[varavát]	robar
резервировать	[rieziérviravat]	reservar

Este tipo de verbos se utiliza como auxiliar. La mayoría de los verbos nuevos tomados del vocabulario internacional se forman con este modelo. Para conjugarlos hay que reemplazar la terminación **-овать** о **-евать** por una **-y** y añadirle las terminaciones del grupo. Esta operación se realiza con la siguiente estructura gramatical: **рис / овать** = **рис / y** + terminación (**ю, ешь, ет, ем, ете, ют**) = рисую.

Presente de indicativo (рисовать)

я рисую	[iá risúiu]	yo dibujo
ты рисуешь	[ty risúiesh]	tú dibujas
он/она рисует	[on/aná risúiet]	él/ella dibuja
мы рисуем	[my risúiem]	nosotros/-as dibujamos
вы рисуете	[vy risúietie]	vosotros/-as dibujáis
они рисуют	[añí risúiut]	ellos/-as dibujan

De la misma manera:

Presente de indicativo (танцевать)

я танцую	[iá tantsúiu]	yo bailo
ты танцуешь	[ty tantsúiesh]	tú bailas
он/она танцует	[on/aná tantsúiet]	él/ella baila
мы танцуем	[my tantsúiem]	nosotros/-as bailamos
вы танцуете	[vy tantsúietie]	vosotros/-as bailáis
они танцуют	[añí tantsúiut]	ellos/-as bailan

EL VERBO ДАВАТЬ Y LOS ACABADOS EN -ЗНАВАТЬ Y -СТАВАТЬ

Este grupo verbal está formado por el verbo **давать** [davát] («dar») y sus compuestos, y los acabados en **-знавать** [zna-vát] y **-ставать** [stavát]. Asimismo, este tipo se caracteriza por la desaparición de [**ва**] y la transformación de **-e** en **-я** en la conjugación.

Presente de indicativo (dar)

я даю	[iá daiú]	yo doy
ты даёшь	[ty daiósh]	tú das
он/она даёт	[on/aná daiót]	él/ella da
мы даём	[my daióm]	nosotros/-as damos
вы даёте	[vy daiótie]	vosotros/-as dáis
они дают	[añí daiút]	ellos/-as dan

2.ª conjugación

Forman parte de este grupo los verbos acabados en **-ить** y **-еть**. Por lo general, se conjugan siguiendo el tipo **-и**, aunque algunos verbos siguen el tipo **-e**. No existe ninguna regla que determine si el verbo se conjuga como uno u otro tipo, aunque la mayoría lo hacen siguiendo la primera forma.

говорить	[gavarít]	hablar
любить	[liubít]	amar
готовить	[gatóvit]	preparar
смотреть	[smatriét]	mirar
жить	[zhit]	vivir
звонить	[zvanít]	telefonear
спешить	[spieshít]	tener prisa

Para formar el presente se debe eliminar la terminación **-ить** del verbo y añadir la desinencia correspondiente de la tabla siguiente, de acuerdo con la siguiente forma: **говорить** [gavarít] = **говор** + terminación = **я говорю**.

Presente de indicativo (говорить)

я говорю	[iá gavariú]	yo hablo
ты говоришь	[ty gavarísh]	tú hablas
он/она говорит	[on/aná gavarít]	él/ella habla
мы говорим	[my gavarím]	nosotros/-as hablamos
вы говорите	[vy gavarítie]	vosotros/-as habláis
они говорят	[añí gavariát]	ellos/-as hablan

Presente de indicativo (жить)

я живу	[iá zhivú]	yo vivo
ты живёшь	[ty zhiviósh]	tú vives
он/она живёт	[on/aná zhiviót]	él/ella vive
мы живём	[my zhivióm]	nosotros/-as vivimos
вы живёте	[vy zhiviótie]	vosotros/-as vivís
они живут	[añí zhivút]	ellos/-as viven

El verbo **жить** [zhit] («vivir») añade **-в** a la raíz cuando se conjuga.

Verbos auxiliares

El verbo auxiliar быть («ser»)

El verbo auxiliar **быть** («ser») no se usa en presente en el ruso actual, pero sí se emplea en pasado, futuro e imperativo.

Pasado

я (ты, он) был	[ja (ty, on) byl]	yo era, etc., yo he sido, etc.
я (ты, онá) былá	[ja (ty, onà) bylà]	yo era, etc., yo he sido, etc.
мы (вы, они) были	[my (vy, anì) býli]	nosotros éramos, etc., hemos sido

Futuro

я бýду	[ja bùdu]	yo seré
ты бýдешь	[ty bùdiš]	tú serás
он бýдет	[on bùdit]	él será
онá бýдет	[anà bùdit]	ella será
мы бýдем	[my bùdim]	nosotros seremos
вы бýдете	[vy bùditi]	vosotros seréis
они бýдут	[anì bùdut]	ellos serán

Imperativo

будь!	¡sé!
бýдьте!	¡sed! (vosotros), sea (usted)
бýдем!	¡seamos!

OMISIÓN DEL VERBO **быть** EN PRESENTE DE INDICATIVO

En el ruso actual, el verbo быть («ser, estar») no se usa en presente de indicativo. Del paradigma del verbo быть en presente que se empleaba en el antiguo ruso sólo se mantienen las formas de la 3.ª persona del singular (есть [jést], «es») y la 3.ª persona del plural (суть [sut], «son»).

La forma суть se usa sólo como cópula en el lenguaje técnico y científico.

Есть («es») se omite como cópula del predicado donde en español está presente el verbo «ser» o «estar». Si el sujeto es un sustantivo, la cópula se sustituye por un guión y se hace una pequeña pausa:

Эта дéвушка — журналѝстка.
[èta djévuška ... žurnalìstka]
La señorita es periodista.

Si el sujeto es un pronombre personal, no se añade el guión

■ Я инженéр.   [ja inžinjér]   Yo soy ingeniero.

Si el predicado contiene el pronombre neutro это, el guión se introduce siempre delante de este último:

■ Я и ты — это мы.   [ja i ty - èta my]   Yo y tú somos nosotros.

El verbo имéть («haber, tener»)

En ruso, el verbo имéть no se usa como verbo auxiliar. Tiene las formas del presente, del pasado y del futuro, pero normalmente se emplea en expresiones idiomáticas:

имéть в видý	[imjét' v vidù]	entender
имéть значéние	[imjét' značénii]	tener importancia
имéть намéрение	[imjét' namjérinii]	tener intención
имéть под рукóй	[imjét' pad rukòj]	tener bajo mano
имéть успéх	[imjét' uspjéch]	tener éxito

El verbo быть («ser») con función de verbo имéть («haber, tener»)

El verbo **имéть** con el sentido de «tener» se sustituye por la construcción **быть у** + genitivo. **Есть,** que es la 3.ª persona del singular del presente de indicativo del verbo **быть** (ser), se puede omitir en esta construcción.

El presente

1.ª conjugación

Los verbos que pertenecen a la primera conjugación tienen las siguientes desinencias:

	Singular	Plural
1.ª persona	-у/-ю	-ём/-ем
2.ª persona	-ёшь/-ешь	-ёте/-ете
3.ª persona	-ёт/-ет	-ут/-ют

Presente de indicativo del verbo читáть [čitàt'] («leer»)

я читáю	[ja čitàju]	yo leo
ты читáешь	[ty čitàiš]	tú lees
он читáет	[on čitàit]	él/ella lee
мы читáем	[my čitàim]	nosotros leemos
вы читáете	[vy čitàiti]	vosotros leéis
онú читáют	[anì čitàjut]	ellos leen

2.ª conjugación

Los verbos de la segunda conjugación tienen las siguientes desinencias:

	Singular	Plural
1.ª persona	-у/-ю	-им
2.ª persona	-ишь	-ите
3.ª persona	-ит	-ат/-ят

Presente de indicativo del verbo говорúть [gavarìt'] («decir, hablar»)

я говорю́	[ja gavarjù]	yo digo
ты говорúшь	[ty gavarìš]	tú dices
он говорúт	[on gavarìt]	él/ella dice
мы говорúм	[my gavarìm]	nosotros decimos
вы говорúте	[vy gavarìti]	vosotros decís
онú говоря́т	[anì gavarjàt]	ellos dicen

El presente del verbo modal **мочь** presenta la raíz **мог-** en la 1.ª persona del singular y en la 3.ª persona del plural, y la raíz **мож-** en los otros casos.

Presente de indicativo del verbo мочь («poder»)

я могу́	[ja magù]	yo puedo
ты мо́жешь	[ty mòžiš]	tú puedes
он, она́ мо́жет	[on, onà mòžit]	él/ella puede
мы мо́жем	[my mòžim]	nosotros podemos
вы мо́жете	[vy mòžiti]	vosotros podéis
они́ мо́гут	[anì mògut]	ellos pueden

El pasado

Los verbos rusos tienen un único tiempo pasado, que se forma añadiendo el sufijo **-л** al infinitivo: **чита́-ть** («leer»), **чита́-л** («él leía»). En femenino se añade, además del sufijo **-л**, la desinencia **-а** (**чита́-ла**, «ella leía»); para el neutro, la desinencia **-о** (**чита́-ло**, «leía»). En plural, la desinencia **-и** es para todas las personas y para los tres géneros (**чита́-ли**, «ellos leían»).

Los verbos cuyo tema termina con las consonantes **б**, **п**, **г**, **к**, **х**, **з**, **с**, **р** en presente no añaden el sufijo **-л** en la formación del pasado en masculino. Por ejemplo, en presente el tema del verbo **нести́** («llevar en la mano») termina en **-с** (**я несу́**), por lo que en pasado y en la forma masculina no tiene el sufijo **-л**: **он нёс**.

Presente de indicativo del verbo нести [nistì] («llevar»)

я несу́	[ja nisù]	yo llevo
ты несёшь	[ty nissjòš]	tú llevas
он несёт	[on nissjòt]	él lleva
мы несём	[my nissjòm]	nosotros llevamos
вы несёте	[vy nissjòti]	vosotros lleváis
они́ несу́т	[anì nissùt]	ellos llevan

Pasado de indicativo del verbo нести́ [nistì] («llevar»)

я (ты, он) нёс	[ja (ty, on) njòs]	yo llevaba, tú llevabas, él llevaba
я (ты, она́) несла́	[ja (ty, anà) nisslà]	yo llevaba, tú llevabas, ella llevaba
я (ты, оно́) несло́	[ja (ty, anò) nisslò]	yo llevaba, tú llevabas, él llevaba
мы (вы, они́) несли	[my (vy, anì) nislì]	nosotros llevábamos, vosotros llevábais, ellos llevaban

Verbos perfectivos e imperfectivos en pasado

Los verbos imperfectivos (ver «Aspectos verbales: perfectivo e imperfectivo» p. 101) en pasado se corresponden con el pretérito imperfecto español y los perfectivos con el pretérito perfecto o el indefinido.

Pasado del imperfectivo: читáть [čitàt'] («leer»)

я (ты, он) читáл	[ja (ty, on) čitàl]	yo leía, etc.
я (ты, онá) читáла	[ja (ty, anà) čitàla]	yo leía, etc.
мы (вы, они́) читáли	[my (vy, anì) čitàli]	nosotros leíamos, etc.

Pasado del perfectivo прочитáть [pračitàt'] («leer»)

я (ты, он) прочитáл	[ja (ty, on) pračitàl]	yo he leído, etc.
я (ты, онá) прочитáла	[ja (ty, anà) pračitàla]	yo he leído, etc.
мы (вы, они́) прочитáли	[my (vy, anì) pračitàli]	nosotros hemos leído, etc.

El futuro

Los verbos **imperfectivos** forman el futuro con el verbo auxiliar **быть** (ser) en futuro, seguido del verbo imperfectivo en infinitivo.

El futuro de los verbos **perfectivos** tiene las mismas terminaciones que el presente de los verbos imperfectivos.

дéлать/сдéлать [djélat'/ zdjélat'] («hacer»)

Futuro imperfectivo	я бýду дéлать	[ja bùdu djélat']	haré
Futuro perfectivo	я сдéлаю	[ja zdjélaju]	haré

Futuro del verbo имéть («haber, tener»)

я бýду имéть	[ja bùdu imjét']	yo tendré
ты бýдешь имéть	[ty bùdiš imjét']	tú tendrás
он/онá бýдет имéть	[on/anà bùdit imjét']	él/ella tendrá
мы бýдем имéть	[my bùdim imjét']	nosotros tendremos
вы бýдете имéть	[vy bùditi imjét']	vosotros tendréis
они́ бýдут имéть	[anì bùdut imjét']	ellos tendrán

El condicional

Una construcción en condicional incluye una oración condicional introducida por **если бы** [iésli by] más el verbo en pasado, y una oración principal con el verbo en pasado más **бы** [by].

Если бы я знал, я сказал бы вам.
[iésli by iá znal iá skazál by vam]
Si lo supiera, os lo diría.

La frase también puede construirse al revés:

Я сказал бы вам, если бы я знал.
[iá skazál by vam iésli by iá znal]
Os lo diría si lo supiera.

El condicional puede emplearse con ambos aspectos, pero es más común utilizarlo con el perfectivo. Por otra parte, la forma verbal en pasado, seguida por la partícula **бы** [by], también se emplea para expresar deseo.

Я завтра пошла бы в кино.
[iá závtra pashlá by v kinó]
Mañana yo iría al teatro.

El condicional también puede estar formado por la condición más el resultado. En ese caso, ambas frases se ponen en futuro en ruso.

Ели ты не пойдёшь с нами, я тоже не пойду.
[iésli ty nié paîdiósh s námi iá tózhie nié paîdú]
Si no vienes con nosotros, yo tampoco iré.

El subjuntivo

El subjuntivo se forma con la partícula **чтобы** [chtóby] más el verbo en pasado. Esta partícula va siempre seguida por el pasado y nunca por el presente o el futuro.

Я хочу, чтобы ты голосовал.
[iá jachú chtóby ty galasavál]
Yo quiero que votes.

Главное, чтобы ты пришёл.
[glávnaie chtóby ty prichiól]
Lo importante es que vengas.

La partícula **чтобы** [chtóby] puede ir seguida de un infinitivo para indicar la consecuencia de una acción, si ambas oraciones tienen el mismo sujeto. Si no es así, **чтобы** [chtóby] irá seguido por el verbo en pasado.

Он встал, чтобы открыть окно.
[on vstal chtóby atkryt aknó]
Se levantó para abrir la ventana.

Он встал, чтобы она могла открыть окно.
[on vstal chtóby aná maglá atkryt aknó]
Se levantó para que ella pudiera abrir la ventana.

En las frases introducidas por **когда** [kagdá] («cuando») el verbo se conjuga en futuro, a diferencia del español, donde se conjuga en el modo subjuntivo.

Когда закончится фильм, мы пойдём домой.
[kagdá zakónchitsia film my païdióm damóï]
Cuando acabe la película, nos iremos a casa.

El imperativo

El imperativo de los verbos imperfectivos se hace con el tema de presente, mientras que el imperativo de los verbos perfectivos se hace con el tema de futuro. Tras una vocal, se añade **-й** (2.ª persona del singular) o **-йте** (2.ª persona del plural); después de una consonante, se pone **-и** o **-ите** y el acento recae en la desinencia. La 1.ª persona del plural de los verbos imperfectivos tiene la misma forma que en el presente, mientras que la 1.ª persona del plural de los verbos perfectivos tiene la misma forma que en el futuro perfectivo.

Imperativo del verbo спрáшивать/спросúть [sprášivat'/sprassit'] («pedir») (tema de presente)

2.ª persona singular	спрáшивай!	[sprášivaj]	¡pide!
1.ª persona plural	спрáшиваем!	[sprášivajm]	¡pidamos!
2.ª persona plural	спрáшивайте!	[sprášivajti]	¡pedid!

спроси (tema de futuro)

2.ª persona singular	спросú!	[sprassì]	¡pide!
1.ª persona plural	спрóсим!	[spròssim]	¡pidamos!
2.ª persona plural	спросúте!	[sprassìti]	¡pedid! (vosotros), ¡pida! (usted)

Imperativo del verbo слушáть/послýшать [slùšat'/paslùšat'] («oír») (tema de presente)

2.ª persona singular	слýшай!	[slùšaj]	¡oye!
1.ª persona plural	слýшаем!	[slùšim]	¡oigamos!
2.ª persona plural	слýшайте!	[slùšajti]	¡oíd! (vosotros), ¡oiga! (usted)

Послушать (tema de futuro)

2.ª persona singular	послýшай!	[paslùšaj]	¡oye!
1.ª persona plural	послýшаем!	[paslùšaim]	¡oigamos!
2.ª persona plural	послýшайте!	[paslùšajti]	¡oíd! (vosotros), ¡oiga! (usted)

Imperativo de los verbos imperfectivos y perfectivos reflexivos

En los verbos reflexivos, el imperativo de los verbos imperfectivos se forma con el tema de presente, mientras que el imperativo de los verbos perfectivos se forma con el tema de futuro, igual que con los verbos no reflexivos.

Ejercicios

Ejercicio 1. Escriba las formas verbales entre paréntesis en pasado:

1. **Анна (дать)** .... **соседу радио** [ánna (dat) sasiédu rádio] («Ana dio una radio a su vecino»).
2. **Мой брат (купить)** .... **эту машину два месяца назад** [móî brat (kupít) étu mashínu dva miésiatsa nazád] («Mi hermano compró este coche hace dos meses»).
3. **Он её уже (отдать)** .... **жене** [on uYié (atdát) Yienié] («Él ya se lo dio a la esposa»).
4. **Анна мне (подарить)** .... **красивый галстук на день рождения** [anna mnié (padarít) krasívei gálstuk na dién raYdiéniia] («Ana me regaló una bonita corbata por mi cumpleaños»).
5. **Кто тебе это (сказать)** ....? [kto tibié éta (skazát)] («¿Quién te lo dijo?»).
6. **Вчера Лена (позвонить)** .... **подруге** [vchierá liéna (pazvanít) padrúguie] («Ayer Liena llamó a una amiga»).
7. **Я не (знать)** .... **где он живёт** [iá nié (znat) gdié on Yiviót] («Yo no sabía dónde vive»).

Ejercicio 2. Ponga los verbos entre paréntesis en futuro:

1. **Завтра мы (пойти)** .... **в кино смотреть новый фильм** [závtra mi* (paîtí) v kinó smatriét nóvi*î film] («Mañana iremos al cine a ver una nueva película»).
2. **На следующей неделе, мы (изучать)** .... **русский язык** [na sliéduiushtshiéî niediélie mi* (izuchát) rússkiî iazí*k] («La semana próxima estudiaremos ruso»).
3. **Скоро я (ходить)** .... **в университет** [skóra iá (jadít) v univiersitiét] («Pronto iré a la universidad»).

4. Завтра (быть) .... хорошая погода [závtra (bi*t) jaróshaia pagóda] («Mañana hará buen tiempo»).

5. Я (позвонить) .... тебе завтра [iá (pazvaníť) tibié závtra] («Te llamaré mañana»).

6. Я (написать) .... тебе письмо [iá (napisát) tibié pismó] («Te escribiré una carta»).

7. Я тебе (звонить) .... часто [iá tiebié (pvaníť) chásta] («Te llamaré a menudo»).

Frases útiles

Pedir información

Вы можете мне сказать / помочь?
[vy mózhietie mnié skazat / pamóch]
¿Puede decirme/ayudarme?

Вы можете мне сказать, когда приедем в...?
[vy mózhietie mnié skazát, kógda priiédiem v]
¿Me puede decir cuándo llegamos a...?

Где могу купить билет?
[gdié magú kupíť biliét]
¿Dónde puedo comprar un billete?

Знаете ли вы, почему поезд задерживается?
[znáietie li vy, pachiemú póiezd zadierzhiváietsia]
¿Sabe por qué el tren llega con retraso?

Могу я вам помочь?
[magú iá vam pamóch]
¿Le puedo ayudar?

Verbos II

Los verbos reflexivos

Los verbos reflexivos expresan una acción llevada a cabo por el mismo sujeto y llevan una partícula reflexiva que varía, según se encuentre situada después de consonante o después de vocal:

— después de consonante: **-ся**;
— después de vocal: **-сь**.

Verbos reflexivos más utilizados		
умываться	[umyvátsia]	lavarse
причёсиваться	[prichiósivatsia]	peinarse
встречаться	[vstriechátsia]	encontrarse
бояться	[buaiátsea]	temer
прощаться	[prashtshátsia]	despedirse
бороться	[barótsia]	luchar
остановиться	[astanavítsia]	detenerse
одеваться	[adievátsia]	vestirse
кататься	[katátsia]	patinar
просыпаться	[prasypátsia]	despertarse
обняться	[abniátsia]	abrazarse
отказываться	[atkázyvatsia]	rechazar

Estos verbos se conjugan igual pero añadiendo la partícula correspondiente. Veamos a continuación la conjugación en presente y pasado del verbo «lavar».

Presente

я умываюсь	[iá umyváius]	yo me lavo
ты умываешься	[ty umyváieshsia]	tú te lavas
он/она умывается	[on/aná umyváietsia]	él/ella se lava
мы умываемся	[my umyváiemsia]	nosotros nos lavamos
вы умываетесь	[vy umyváieties]	vosotros os laváis
они умываются	[añí umyváiutsia]	ellos se lavan

Pasado

я, ты, он умывался	[iá ty on umyválsia]	yo/tú/él se lavaba
я, ты, она умывалась	[iá ty aná umyválas]	yo/tú/ella se lavaba
мы, вы, они умывались	[my vy añí umyvális]	nosotros/vosotros/ ellos/ellas se lavaban

En ruso, los verbos reflexivos nunca llevan complemento directo. Por otra parte, algunos verbos reflexivos rusos no son reflexivos en español. Estos son algunos ejemplos:

родиться	[radítsia]	nacer
учиться	[úchitsia]	estudiar
случаться	[sluchátsia]	suceder
надеяться	[nadiéiatsia]	tener la esperanza
бояться	[baiátsia]	temer
подписаться	[padpisátsia]	firmar
улыбаться	[ulybátsia]	sonreír
бороться	[barótsia]	luchar
смеяться	[smieiátsia]	reír

De igual manera, pero a la inversa, existen algunos verbos reflexivos en español que no son reflexivos en ruso:

упасть	[upást]	caerse
вставать	[vstavát]	levantarse
умирать	[umirát]	morirse
уходить	[ujadít]	irse

Los verbos irregulares

Llamaremos *verbos irregulares* aquellos cuya raíz es muy distinta a la de la conjugación. Los verbos irregulares rusos más frecuentes son:

спать	[spat]	dormir
дать	[dat]	dar (perf.)
есть	[iést]	comer
бежать	[biezhát]	correr
брать	[brat]	coger
звать	[zvat]	llamar
ждать	[zhdat]	esperar
запереть	[zapiériet]	encerrar
понять	[paniát]	entender (perf.)
начать	[nachát]	empezar (perf.)
нести	[niestí]	llevar
класть	[klast]	colocar
лечь	[liéch]	acostarse

Los verbos impersonales

En ruso, existen verbos impersonales que en presente y futuro sólo se usan en tercera persona del singular, mientras que en pasado se emplea sólo la forma neutra del singular. Forman parte de este grupo:

1. Fenómenos naturales:

вечере́ть [vičirjét'] («anochecer»)

Presente	вечере́ет	[vičirjéit]	anochece
Pasado	вечере́ло	[vičirjéla]	anochecía

рассвета́ть [rassvitàit'] («amanecer»)

Presente	рассвета́ет	[rassvitàit]	amanece
Pasado	рассвета́ло	[rassvitàla]	amanecía

2. Estado físico incontrolable (la persona interesada va en acusativo); en español se traduce con una forma personal.

знобит [znabìt'] («tener escalofríos»)

Presente	знобит	[znabìt']	tengo escalofríos, etc.
Pasado	знобило	[znabìla]	tenía escalofríos, etc.

Меня знобит.   Tengo escalofríos.
Его знобило.   Él tenía escalofríos.

рвать [rvàt'] («vomitar»)

Presente	рвёт	[rvjòt']	vomito, vomitas, etc.
Pasado	рвало	[rvalò]	he vomitado, has vomitado, etc.

Её рвёт.   Ella está vomitando.
Меня рвало.   He vomitado.

тошнит [tašnìt'] («tener náuseas»)

Presente	тошнит	[tašnìt]	tengo náuseas, etc.
Pasado	тошнило	[tašnìla]	tenía náuseas, etc.

Их тошнит.   Tienen náuseas.
Вас тошнило?   ¿Ha tenido náuseas?

3. Presencia o ausencia de algo.

хватать [chvatàt'] («bastar, ser suficiente»)

Presente	хватáет	[chvatàit]	basta, es suficiente
Pasado	хватáло	[chvatàla]	bastaba

не хватáть [ni chvatàt'] («no bastar, no ser suficiente»)

Presente	не хватáет	[ni chvatàit]	no basta, no es suficiente
Pasado	не хватáло	[ni chvatàla]	no bastaba

недоставáть [nidastavàt'] («no bastar, no ser suficiente»)

Presente	недостаёт	[nidastajòt]	no basta, no es suficiente
Pasado	недоставáло	[nidastavàla]	no bastaba

Con estos verbos, el sujeto lógico va en dativo.

Мне не хвата́ло вре́мени.
Me faltaba tiempo.

4. Deber, necesidad (impuesta o sentida como externa).

надлежа́ть [nadližàt'] + inf. («ser necesario + inf.»):

Presente	надлежит	[nadližit]	es necesario
Pasado	надлежа́ло	[nadližàla]	era necesario

сле́довать [sljédavat'] + inf. («ser necesario + inf.»):

Presente	сле́дует	[sljéduit]	es necesario
Pasado	сле́довало	[sljédavala]	era necesario

сто́ить [stòit'] + inf. («convenir + inf., ser necesario + inf.»):

Presente	сто́ит	[stòit]	conviene
Pasado	сто́ило	[stòila]	convenía

Con estos verbos, el sujeto lógico va en dativo.

Тебе́ сле́дует об э́том поду́мать!
¡Te conviene pensar sobre ello!

Verbos impersonales en –ся

Los verbos impersonales en –ся se usan sólo en tercera persona del singular, y rigen dativo. Forman parte de este grupo los siguientes verbos:

1. Sólo la tercera persona del singular en presente y la forma neutra del singular para el pasado.

2. Tercera persona del singular y plural en presente y pasado.

Ejercicios

Ejercicio 1. Complete con la forma de la partícula reflexiva correspondiente:

1. Почему ты отказываеш .... от нашей помощи [pachiemú ti* atkázi*vaiesh .... at náshieî pómashtshi] («¿Por qué rechazas nuestra ayuda?»).
2. Раздénте .... в прихожей [razdiéntie .... v prijóYieî] («Desvestíos en el recibidor»).
3. Друзья обняли .... [druziá abniáli ....] («Los amigos se abrazaron»).
4. Не волнуй .... [nié valnúî ....] («No te preocupes»).
5. Не стесняйте .... соглашайте .... с ним [nié stiesniáîtie .... s nim] («No os avergoncéis por estar de acuerdo con él»).
6. Птицы поднимают..... в воздух [ptítsi* padnimáiut .... v vózduj] («Los pájaros suben en el aire»).
7. Я согласил .... с ними [iá saglasíl .... s ními] («Yo estaba de acuerdo con ellos»).

Ejercicio 2. Construya una oración con los verbos siguientes:

1. брать [brat] («coger»): ....
2. ждать [Ydát] («esperar»): ....
3. спать [spat] («dormir»): ....
4. дать [dat] («dar»): ....

Frases útiles

En el *camping*

Где находится ближний кемпинг?
[gdié najóditsia blízhni kiémping]
¿Dónde está el *camping* más cercano?

Можно поставить палатку здесь?
[mózhna pastávit palátku zdiés]
¿Se puede plantar la tienda aquí?

Можно взять палатку на прокат?
[mózhna vziat palátku na prakát]
¿Podemos alquilar una tienda?

Какова плата с человека /за аренду палатки/за аренду трейлера?
[kakóba plata's chielaviék/za arendu palátku/za arendu trillora]
¿Cuánto cuesta por persona/tienda/caravana?

Это питьевая вода?
[éta pitieváia vadá]
¿El agua es potable?

Можно развести огонь?
[mózhna razbesti agóñ]
¿Podemos encender fuego?

Можете дать на время фонарик?
[mózhete dat na vriémia fanárik]
¿Me puede prestar una linterna?

Verbos III

Aspectos verbales: perfectivo e imperfectivo

El sistema verbal ruso divide los verbos en dos categorías que expresan dos maneras distintas de realizar la acción. Estas dos categorías se denominan los *aspectos* del verbo ruso. Los verbos, en su mayoría, presentan estos dos aspectos: el perfectivo y el imperfectivo.

Aspecto imperfectivo		Aspecto perfectivo		
читать	[chitát]	прочитать	[prachitát]	leer
смотреть	[smatriét]	посмотреть	[pasmatriét]	mirar
слушать	[slúshat]	послушать	[paslúshat]	escuchar
строить	[stróit]	построить	[pastróit]	construir
отдыхать	[atdyját]	отдохнуть	[atdajnút]	descansar
делать	[dielát]	сделать	[sdielát]	hacer
писать	[pisát]	написать	[napisát]	escribir

El **aspecto imperfectivo** expresa una acción no concluida, que se está realizando o que es reiterativa, habitual y no indica su resultado:

читать	[chitát]	leer (en general)
писать	[pisát]	escribir (en general)
прыгать	[prygát]	saltar (en general)

El **aspecto perfectivo** expresa una acción concluida, total acabada, momentánea y única.

прочитать	[prachitát]	haber leído algo
написать	[napisát]	haber escrito algo
прыгнуть	[prygnut]	dar un salto

Es decir, que el aspecto imperfectivo expresa una acción incompleta o habitual y el aspecto perfectivo la acción acabada. Así, puede deducirse que el presente y el pretérito imperfecto se expresarán mediante el aspecto imperfectivo del verbo, mientras que el futuro simple y el pretérito perfecto se expresarán con el aspecto perfectivo del verbo.

Funciones del aspecto perfectivo en pasado

* Expresar el resultado de una acción.

Я наконец посмотрел этот фильм.
[iá nakaniéts pasmatriél état film]
Por fin he visto esta película.

* Expresar una acción única.

Сегодня я встал рано.
[sievódnia iá vtal rána]
Hoy me he levantado temprano.

* Expresar la duración limitada de una acción.

Он прожил всю жизнь в Париже.
[on prazhíl vsiú zhizn v parízhie]
Ha vivido toda la vida en París.

Funciones del aspecto imperfectivo en pasado

* Expresar el proceso de una acción.

> Что вы делади вчера?
> [chto vy diélali vchierá]
> ¿Qué hicisteis ayer?

> Вчера мы отдыхали
> [vchierá my atdyjáli]
> Ayer descansamos.

* Expresar la repetición de una acción.

> Он часто опаздывал на работу.
> [on chásta apázdyval na rabótu]
> A menudo llegaba tarde al trabajo.

El futuro perfectivo se forma añadiendo las terminaciones de presente al verbo perfectivo.

прочитать	я прочитаю	[iá prachitáiu]	yo leeré
сказать	я скажу	[iá skazhú]	yo diré
получить	я получу	[iá paluchú]	yo recibiré
написать	я напишу	[iá napishú]	yo escribiré
сделать	я сделаю	[iá sdiélaiu]	yo haré
посмотреть	я посмотрю	[iá pasmatriú]	yo miraré

Funciones del futuro imperfectivo

El futuro imperfectivo expresa lo siguiente:

* Desarrollo de una acción.

| Я буду читать | [iá búdu chitát] | leeré |
| Он будет работать | [on búdiet rabótat] | trabajará |

* Duración o repetición de la acción.

> **Я буду купаться каждый день.**
> [iá búdu kupátsia kázhdyî diéñ]
> Me bañaré cada día.

* Acciones simultáneas.

> **Я буду читать, и он будет готовить обед.**
> [iá búdu chitát i on búdiet gatóvit abiéd]
> Yo leeré mientras él prepara la comida.

Funciones del futuro perfectivo

El futuro perfectivo expresa lo siguiente:

* Acción acabada.

> **Я прочитаю книгу позже.**
> [iá prachitáiu knígu nózzhie]
> Acabaré de leer el libro más tarde.

* Brevedad de la acción.

> **Я быстро прочитаю статью.**
> [iá bystra prachitáiu statiú]
> Leeré deprisa el artículo.

* Acción única o acciones únicas sucesivas.

> **Завтра я встану рано.**
> [závtra iá stánu rána]
> Mañana me levantaré temprano.

Los verbos de movimiento

Algunos verbos rusos que expresan movimiento tienen dos aspectos imperfectivos. Uno indica movimiento unidireccional y el otro multidireccional.

Multidireccional	Unidireccional
ходить [jadít] andar	идти [idtí] ir (a pie)
ездить [iézdit] viajar	ехать [iéjat] ir (en vehículo)
носить [nasít] llevar	нести [niestí] llevar (a pie)
возить [vazít] transportar	везти [vieztí] llevar (en vehículo)
бегать [biegát] correr	бежать [biezhát] ir (corriendo)
плавать [plávat] nadar, navegar	плыть [plyt] ir (a nado)
летать [lietát] volar	лететь [lietiét] ir (volando)

Los verbos de movimiento multidireccional

Los verbos de movimiento de este grupo expresan el movimiento multidireccional, repetido, sin que la dirección esté determinada. También expresan un movimiento habitual.

Я часто хожу в ресторан.
[iá chásta jazhú v riestarán]
A menudo voy (a comer) al restaurante.

Los verbos de movimiento unidireccional

Los verbos de movimiento de este segundo grupo expresan el movimiento unidireccional. Este tipo de movimiento se realiza sólo una vez y es concreto.

Я завтра иду в театр.
[iá závtra idú v tieatr]
Mañana voy al teatro.

Los derivados de los verbos de movimiento

Con la ayuda de prefijos, se forman los derivados de los verbos de movimiento que precisan la orientación del movimiento.

Cuando adoptan los prefijos, los verbos del primer grupo permanecen imperfectivos, mientras que los del segundo grupo se convierten en su pareja perfectiva. Algunos de los prefijos más importantes que confieren la carga semántica de movimiento a la forma verbal son los siguientes:

в	[v]	movimiento hacia el interior
вы	[vy]	movimiento hacia fuera
при	[pri]	acercamiento
у	[u]	alejamiento
от	[at]	alejamiento
до	[do]	hasta un punto
пере	[piérie]	de un lado a otro

приходить [prijadít] andar прийти [príítí] venir (a pie)
приезжать [priiezzhát] venir приехать [priiéjat] venir (en vehículo)
приносить [prinasít] traer принести [priniestí] llevar (a pie)
входить [vjadít] entrar войти [vaíítí] entrar (a pie)
выходить [vyjadít] salir выйти [vyítí] salir (a pie)
отходить [atjadít] alejarse отойти [ataítí] alejarse (a pie)

Recuerde que el complemento de los verbos de movimiento se pone en caso acusativo:

Ejemplo 1

Я на работе.
[iá na rabótie]
Estoy en el trabajo.

Ejemplo 2

Я иду на работу.
[iá idú na rabótu]
Yo voy al trabajo.

En el primer ejemplo el complemento de lugar (**на работе**) está en caso prepositivo (ausencia de movimiento), mientras que en el segundo ejemplo el complemento de lugar (**на работу**) está en acusativo (lugar al que me dirijo). En este caso, la pregunta será: **куда?** [kudá] («¿a dónde?»).

Infinitivo

El infinitivo de los verbos rusos, que es la forma verbal que aparece en el diccionario, se expresa con las siguientes desinencias:

> **-ть:** читáть [čitàt'] («leer»), говорúть [gavaṙt'] («hablar»)
> **-ти:** идтú [ittì] («ir»), везтú [vistì] («llevar»)
> **-чь:** мóчь [moč] («poder»)

Los verbos regulares que terminan en **-ть** se dividen en dos conjugaciones, que se distinguen por la tercera persona del singular y del plural:

  1.ª conjugación он читáет («él lee»)   онú читáют («ellos leen»)
  2.ª conjugación он говорúт («él dice»)   онú говорят («ellos dicen»)

Participio

El participio es una particular forma verbal que tiene características de verbo y adjetivo:

— como forma verbal tiene valor transitivo o intransitivo, rige el mismo caso que el verbo del que deriva, tiene tiempo y número, pero no persona;
— como forma nominal tiene características del adjetivo: posee las mismas desinencias que los adjetivos y se declina como un adjetivo, concordando en género, número y caso con el sustantivo al que acompaña.

El participio expresa una característica verbal del sujeto que realiza (participio activo) o sufre (participio pasivo) una acción.

El ruso tiene cuatro participios: dos de presente (activo y pasivo) y dos de pasado (activo y pasivo).

Participio presente activo

El participio presente activo, sólo con verbos imperfectivos, se obtiene añadiendo al tema de la 3.ª persona del plural del presente las siguientes desinencias:

1. Para los verbos de la primera conjugación: **-ущий/-ющий**.

думать [dùmat'] («pensar»)

они думают	[anì dùmajut]	ellos piensan
думающий	[dùmajuščij]	pensante

2. Para los verbos de la segunda conjugación: **-ащий/-ящий**.

любить [ljubìt'] («amar»)

они любят	[anì ljùbjat]	aman
любящий	[ljùbiščij]	amante

Participio presente pasivo

El participio presente pasivo se construye sólo con verbos imperfectivos, añadiendo a la 1.ª persona del plural del verbo en presente las desinencias **-мый**, **-мая**, **-мое** (en singular) y **-мые** (en plural) en la forma larga, y las desinencias **-м**, **-ма**, **-мо** (en singular) y **-мы** (en plural) en la forma breve.

любить [ljubìt'] («amar»)

мы любим	[my ljùbim]	amamos

Forma larga

любимый	[ljubìmyj]	amado
любимые	[ljubìmyi]	amados

Forma breve

люби́м	[ljubìm]	amado
люби́мы	[ljubìmy]	amados

Participio pasado activo

El participio pasado activo se forma con verbos de ambos aspectos, sustituyendo las desinencias del verbo en pasado (**-л, -ла, -ли**) por las siguientes:

I. -вший, -вшая, -вшее, -вшие (para verbos con tema terminado en vocal).

чита́ть	[čitàt']	leer
он чита́л	[on čitàl]	él leía
чита́вший	[čitàfšij]	aquel que leía
она́ чита́ла	[anà čitàla]	ella leía
чита́вшая	[čitàfšaja]	aquella que leía

2. -ший, -шая, -шее, -шие (para verbos con tema terminado en consonante).

принести́	[prinistì]	llevar
он принёс	[on prinjòs]	él llevó
принёсший	[prinjòsšij]	aquel que llevó
принёсшая	[prinjòsšaja]	aquella que llevó

USO DEL PARTICIPIO PASADO ACTIVO

El participio pasado activo sólo tiene la forma larga y se usa como el adjetivo, concordando en género, número y caso con el sustantivo al que acompaña.

В ко́мнате был челове́к, чита́вший кни́гу.
[f kòmnati byl čilavjék, čitàfšij knìgu]
En la habitación había un hombre que leía un libro.

Я поговорил с человеком, читавшим книгу.
[ja pagavaril s čilavjékam, čitàfšim knìgu]
He hablado con el hombre que leía un libro.

Participio pasado pasivo

Los participios pasivos se forman sólo con verbos transitivos perfectivos.

* El participio pasivo en pasado se forma añadiendo al tema del infinitivo los sufijos **-нн-** (si el tema termina en vocal) o **-енн-/ённ-** (para verbos cuyo infinitivo termina en **-ить** cuando pierden el sufijo **-и-**) más las desinencias de los adjetivos masculinos, femeninos y neutros. Los participios pasivos tienen, como los adjetivos, las formas largas y breves.

забронировать [zabranìravat'] reservar

Forma larga

забронирова-нн-ый	[zabranìravanyj]	reservado
забронированный	[zabranìravanyj]	reservado
забронированная	[zabranìravanaja]	reservada
забронированное	[zabranìravanaja]	reservado (neutro)
забронированные	[zabranìravanyi]	reservados/-as

Forma breve

забронирован	[zabranìravan]	reservado
забронирована	[zabranìravana]	reservada
забронировано	[zabranìravana]	reservado (neutro)
забронированы	[zabranìravany]	reservados/-as

* Muy pocos verbos forman el participio pasado pasivo con el sufijo **-т-**.

открыва́ть [atkryvàit'] abrir

Forma larga

откры́тый	atkrýtyj	abierto
откры́тая	atkrýtaja	abierta
откры́тое	atkrýtaja	abierto (neutro)
откры́тые	atkrýtyi	abiertos/-as

Forma breve

откры́т	atkrýt	abierto
откры́та	atkrýta	abierta
откры́то	atkrýta	abierto (neutro)
откры́ты	atkrýty	abiertos/-as

USO DEL PARTICIPIO PASADO PASIVO

* La forma larga se emplea como el adjetivo.

Прочи́танная кни́га лежи́т на пи́сьменном столе́.
[pračìtanaja knìga ližìt na pìss'mìnam staljé]
El libro ya leído está sobre el escritorio.

* La forma breve se usa sólo como predicado.

Кни́га уже́ прочи́тана.
[knìga užé pračìtana]
El libro ya ha sido leído.

* El complemento agente se indica con el caso instrumental y sin ninguna preposición.

Кни́га уже́ прочи́тана ма́мой.
[knìga užé pračìtana màma]
El libro ya ha sido leído por mamá.

Письмо́ напи́сано ру́чкой
[piss'mò napìssana rùčkaj]
La carta ha sido escrita con pluma.

Gerundio

La lengua rusa tiene dos gerundios, presente y pasado.

Gerundio presente

Se forma con la 3.ª persona del plural del presente, sustituyendo las desinencias **-ут, -ют, -ат, -ят** por **-я**:

любить	[ljubìt']	amar
любят	[ljùbjat]	aman
любя	[ljubjà]	amando

Gerundio pasado

Sólo se forma a partir de los verbos perfectivos y puede tener las siguientes desinencias:

* Después de las vocales **-в** (**-вши**).

полюбить	[paljubìt']	amar
полюбив	[paljubìf]	amando
полюбивши	[paljubìfši]	habiendo amado

* Muchos verbos forman el gerundio pasado con la 3.ª persona del plural del futuro, sustituyendo las desinencias **-ут, -ют, -ат, -ят** por **-а, -я** o **-ши**.

выйти	[výjti]	salir
выйдут	[výjdut]	saliendo
выйдя	[výjdja]	habiendo salido

* Las terminaciones **-ши** e **-вши** son formas arcaicas del gerundio pasado y, normalmente, se encuentran en los proverbios y en otras expresiones populares.

СНЯТЬ	[ssnjàt']	eliminar
СНЯВ	[ssnjàf]	habiendo eliminado
СНЯВШИ	[ssnjàfỹi]	habiendo eliminado

Voz pasiva

La forma pasiva se construye con el verbo auxiliar **быть** («ser, estar») en futuro y en pasado (en presente, se omite) + el participio pasivo pasado del verbo transitivo perfectivo.

Москва была основана в двенадцатом веке.
Moscú fue fundada en el siglo XII.

Si está indicado, el agente de la acción debe ir en caso instrumental.

Дом построен знаменитым архитектором.
La casa es construida por un famoso arquitecto.

Forma pasiva en -ся

La forma pasiva sólo se puede emplear con los verbos transitivos. Las formas pasivas simples se forman a partir de los verbos transitivos imperfectivos añadiendo el sufijo **-ся (-сь):**

исполнять	[ispalnjàt']	interpretar
исполняться	[ispalnjàtsa]	ser interpretado

В России все оперы исполняются на русском языке.
En Rusia todas las óperas son interpretadas en ruso.

Verbos intransitivos

Un numeroso grupo de verbos terminados en **-ся** no tienen valor pasivo.

длиться/продлиться	[dlìtsa/pradlìtsa]	durar
казаться/показаться	[kazàtsa/pakazàtsa]	aparentar
надеяться/понадеяться	[nadjéitsa/panadjéitsa]	esperar
нравиться/понравиться	[nràvitsa/panràvitsa]	gustar
пользоваться/попользоваться	[pòl'zavatsa/papòl'zavatsa]	usar
смеяться/посмеяться	[ssmijàtsa/passmijàtsa]	reír
соглашаться/согласиться	[saglašàtsa/saglassìtsa]	ponerse de acuerdo
стараться/постараться	[staràtsa/pastaràtsa]	procurar hacer algo
трудиться/потрудиться	[trudìtsa/patrudìtsa]	trabajar, dedicarse a
улыбаться/улыбнуться	[ulybàtsa/ulybnùtsa]	sonreír

Paradigma del verbo нравиться/понравиться («gustar»)

En la primera persona del singular del presente se produce la permutación **в/вл**.

Presente de indicativo

я нравлюсь	[ja nràvljus']	yo gusto
ты нравишься	[ty nràvišsja]	tú gustas
он нравится	[on nràvitsa]	él gusta
мы нравимся	[my nràvimsja]	nosotros gustamos
вы нравитесь	[vy nràvitis']	vosotros gustáis
они нравятся	[anì nràvjatsa]	ellos gustan

Pasado de indicativo (imperfectivo)

| я (ты, он) нравился | [ja (ty, on) nràvilsja] | gustaba, gustabas, gustaba (él) |

Pasado de indicativo (perfectivo)

| я (ты, он) понравился | [ja (ty, on) panràvilsja] | he (has, ha) gustado, etc. |

Futuro de indicativo (imperfectivo)

я бу́ду нра́виться	[ja bùdu nràvitsa]	yo gustaré
ты бу́дешь нра́виться	[ty bùdiš nràvitsa]	tú gustarás
он бу́дет нра́виться	[on bùdit nràvitsa]	él gustará, etc.

Futuro de indicativo (perfectivo)

я понра́влюсь	[ja panràvljus']	yo gustaré
ты понра́вишься	[ty panràvišsa]	tú gustarás
он понра́вится	[on panràvitsa]	él gustará, etc.

Ejercicios

Ejercicio 1. Indique el verbo correcto:

1. Я никогда не хожу/иду один в ресторан ....
[iá nikagdá nié jaYú/idú adín v riestarán] («Nunca voy solo al restaurante»).

2. Куда ты сейчас ходишь/идёшь? .... [kudá ti* sieîchás jódish/idiósh] («¿A dónde vas ahora?»).

3. Куда ты обычно ездишь/едешь на выходные? .... [kudá ti* abî*chana iézdish/iédiesh na vi*jadní*ie] («¿A dónde vas normalmente los días libres?»).

4. В этом году ездим/едем в Испании в отпуск .... [v étamgadú iézdim/iédiem v Ispánii v ótpusk] («Este año vamos de vacaciones a España»).

5. Лена часто приходит/придёт к нам .... [liéna chásta prijódit/pridiót k nam] («Liena nos visita a menudo»).

6. Я выхожу/выйду через пять минут .... [iá vi*jaYú/vi*idú chiériez piát minút] («Salgo dentro de cinco minutos»).

7. Ребята ходят/идут весело .... [ribiáta jódiat/idút viésiela] («Los niños van contentos»).

Frases útiles

Buscando objetos perdidos

Вчера вечером я потерял свои очки.
[vchierá viéchieram iá patieriál svaí achkí]
Ayer por la noche perdí mis gafas.

Я забыл свой зонт в ресторане.
[iá zabyl svói zont v riestaránie]
Olvidé mi paraguas en el restaurante.

Кто-нибудь обнаружил фотоаппарат в столовой?
[kto-nibúd abnarushíl fataaparát v stalóvai]
¿Alguien ha encontrado una cámara fotográfica en el comedor

Я не могу найти свой билет.
[iá nié magú naití svói biliét]
No encuentro mi entrada.

La frase

Frases afirmativas y negativas

Partícula afirmativa	Partícula negativa
да («sí»)	не, нет («no»)

Вы инженёр? ¿Usted es ingeniero?
Да, я инженёр. Sí, soy ingeniero.
Нет, я не инженёр. No, no soy ingeniero.

Frases afirmativas y negativas

Las frases negativas se construyen con la partícula **не** [nié], que se coloca delante de la palabra que se niega. La partícula **нет** [niét] es el adverbio de negación:

Это стол? [éta stol] ¿Esto es una mesa?
Нет, это не стол. [niét, éta nié stol] No, esto no es una mesa.

Para expresar la afirmación, se utiliza el adverbio afirmativo **да** [da] («sí»).

Это дом? [éta dom?] ¿Esto es una casa?
Да, это дом. [da, éta dom] Sí, esto es una casa.

Construcción «deber», «tener que hacer»

En esta construcción, se usa el adjetivo breve **дóлжен** en masculino; en femenino **должнá**; en neutro, **должнó**, y en plural, **должны́**. El verbo auxiliar **быть** se omite en presente, y se conjuga en futuro y en pasado. El lugar del verbo auxiliar en la oración no es fijo: я бýду дóлжен = я дóлжен бýду («deberé»).

La locución **быть дóлжным** tiene tres formas en el singular del presente de indicativo:

Presente de indicativo de la locución быть дóлжным **(«deber»)**

Masculino
я (ты, он) дóлжен   [ja (ty, on) dòlžin]   debo, debes, debe (él)

Femenino
я (ты, онá) должнá   [ja (ty, anà) dalžnà]   debo, debes, debe (ella)

Neutro
онó должнó   [anò dalžnò]   debe

La locución **быть дóлжным** sólo tiene una forma en plural:

мы (вы, они́) должны́
[my (vy, anì) dalžný]
debemos, debéis, deben

Futuro de la construcción быть дóлжным + **infinitivo («deber»)**

я дóлжен бýду вы́йти   deberé bajar

Pasado de la construcción быть дóлжным + **infinitivo («deber»)**

я дóлжен был уйти́   debía irme

Expresiones impersonales

Son numerosas las expresiones impersonales compuestas por sustantivos o adverbios + infinitivo, cuyo sujeto lógico está omitido o expresado con un pronombre o sustantivo en dativo:

Пора́ уходи́ть.	Es hora de empezar a andar.
Нам пора́ уходи́ть.	Es hora de que empecemos a andar.

Ejercicios

Ejercicio 1. Responda a las preguntas afirmativa y negativamente.

Ej.: **это дом?** [éta dom?]
   да, **это дом.** [da, éta dom]
   нет, **это не дом.** [niét, éta nié dom]

1. **это вода?** [éta vadá] ....
2. **это рынок?** [éta ri*nak] ....
3. **это квартира?** [éta kvartíra] ....
4. **это улица?** [éta úlitsa] ....
5. **это часы?** [éta chasí*] ....
6. **это комната?** [éta kómnata] ....
7. **это фабрика?** [éta fábrica] ....

Frases útiles

En la comisaría

Пожалуйста, вы можете мне помочь?
[pazhálsta, vy mózhietie mnié pamóch]
¿Podría ayudarme, por favor?

Где находится отделение милиции?
[gdié najóditsia atdieliénie milítsii]
¿Dónde está la comisaría de policía?

Меня ограбили.
[míña ográbile]
Me han robado.

Он попытался меня ограбить.
[on popytálsia mieniá ukrást]
Ha intentado robarme.

Могу ли я пользоваться телефоном.
[mogu li iá palzavátsia tieliefónam]
¿Puedo usar el teléfono?

Это срочно!
[éta sróchno]
¡Es una urgencia!

Позовите милицию!
[pazavítie milítsiiu]
¡Llame a la policía!

Я хочу заявить о краже.
[iá jachú zaibit o krázha]
Quiero denunciar un robo.

Soluciones
de los ejercicios

El sustantivo

Ejercicio 1

1. студенты.- 2. пляжи.- 3. Учителя.- 4 газеты.- 5 кофе.-
6. станции.- 7 бинго.

Ejercicio 2

1. masculino.- 2. femenino.- 3. femenino.- 4. neutro.- 5. neutro.-
6. neutro.- 7. femenino.

El adjetivo 1

Ejercicio 1

1. Цветы красивы.- 2. Стол нов.- 3. Девушка хороша.-
4. Люди молоды.- 5. Человек толст.- 6. Вода холодна.-
7. Обед вкусен.

El adjetivo II

Ejercicio 1

1. два.- 2. тринадцать.- 3. семнадцать.- 4. двадцать один.
5. сорок пять.- 6. семьдесят семь.- 7. сто тридцать четыре.

El adjetivo III

Ejercicio 1

1. Кто Марта?- 2. Где стол?- 3. Что двор?- 4. Что бар?
5. Кто Педро?

Pronombres

Ejercicio 1
1. то.- 2. то.- 3. когда.- 4. где.- 5. что.- 6. что-то.

Ejercicio 2

1. которого.- 2. который.- 3. которая.- 4. которую.
5. которого.- 6. которому.

Preposiciones

Ejercicio 1

1. от.- 2. на/с.- 3. у/напротив.- 4. по.- 5. с.- 6. без.

Adverbios

Ejercicio I

1. редко/часто.- 2. часто/редко.- 3. всегда.- 4. никогда.-
5. часто/редко.- 6. редко/часто.- 7. обычно/всегда.

Verbos I

Ejercicio I

1. дала.- 2. купил.- 3. отдал.- 4. подарила.- 5. сказал.-
6. позвонила.- 7. знал/а/знаю.

Ejercicio 2

1. пойдём.- 2. будем изучать.- 3. буду ходить.- 4. будет.-
5. позвоню.- 6. напишу.- 7. буду звонить.

Verbos II

Ejercicio I

1. Почему ты отказываешься от нашей помощи?-
2. Раздентесь в прихожей.- 3. Друзья обнялись.- 4. Не
волнуйся.- 5. Не стесняйтесь, соглашайтесь с ним.-
6. Птицы поднимаются в воздух.- 7. Я согласился с
ними.

Ejercicio 2

1. Я беру книгу с полки.- 2. Они очень долго ждали её, но она не пришла.- 3. Ты слишком много спишь.- 4. Я обязательно дам тебе эту книгу.

Verbos III

Ejercicio 1

1. хожу.- 2. идёшь.- 3. ездишь.- 4. едем.- 5. приходит.- 6. выйду.- 7. идут.

La frase

Ejercicio 1

1. Да, это вода. Нет, это не вода.- 2. Да, это рынок. Нет, это не рынок.- 3. Да, это квартира. Нет, это не квартира.- 4. Да, это улица. Нет, это не улица.- 5. Да, это часы. Нет, это не часы.- 6. Да, это комната. Нет, это не комната.- 7. Да, это фабрика. Нет, это не фабрика.